Eberhard Lehmann

Problemorientierte Unterrichtseinheiten

Wahrscheinlichkeitsrechnung

VOLK UND WISSEN VERLAG GmbH

ISBN 3-06-002279-8

1. Auflage

Printed in Germany
Layout: Eberhard Lehmann
Einband: Gerhard Medoch
Druck und Binden: Westermann Druck Zwickau GmbH

Inhaltsverzeichnis

Unterrichtssoftware

E.Lehmann, Geitnerweg 20c, 12209 Berlin, Tel. 030-7112420, Tel./Fax 030-7110811

Programmname	Zu Kapitel	Kurzbeschreibung
AREA-F	5	Flächenberechnung mit Monte-Carlo-Methode
CRAP1	3	Simulation des Crapspiels
DISJ-NF1	1	Schaltalgebra, disjunktive Normalform, 3 Schalter
GLUERAD	4,5	Glücksrad für diverse Simulationen
MARKOW	2,3,4	Bearbeitet Markow-Ketten, siehe Kap.2.9
MATRIX	2,3,4	Matrizenrechnung, lineare Gleichungssysteme
PFAD-RG3	1,2,3,4	Simulation der Pfadregeln am 2-stufigen Baum
PLOT10	2,4,5	Funktionen-/Relationen-Plotter, siehe Kap.2.9
SABI-6	4	Simulation mit Sammelbilder-Automat, 6 Bilder
SAMMEL-A	4	Simulation des Sammelbilder-Problems, Statistik

Vorwort

Das Buch stellt *fünf problem- und anwendungsorientierte Unterrichtseinheiten* zur Wahrscheinlichkeitsrechnung vor, die zum Einstieg in die Wahrscheinlichkeitsrechnung oder an anderer Stelle im Kursverlauf eingesetzt werden können: Zuverlässigkeit von Bauteilen, Kaufverhalten, Crap-Spiel, Sammelbilderproblem, Simulation.

Alle Unterrichtseinheiten sind zum (unterschiedlich anspruchsvollen) problemorientierten Einstieg in die Wahrscheinlichkeitsrechnung oder auch als weiterführende Problemstellungen an passenden Stellen in anders geführten Kursen geeignet. Die Einheiten bauen also nicht aufeinander auf und sollen nicht etwa insgesamt einen Kurs zur Wahrscheinlichkeitsrechnung ausmachen. Da zu fast allen Problemen mehrere, oft voneinander unabhängige Lösungen angeboten werden, kann auf die ein oder andere Lösung auch verzichtet werden, oder die Reihenfolge der Lösungen kann anders zusammengestellt werden.

Das Buch ist aus der Schulpraxis heraus entstanden und zunächst für *Lehrer* gedacht. Es enthält demzufolge auch viele didaktisch-methodische Hinweise. Die Fachinhalte sind jedoch so aufbereitet, dass sie in der vorliegenden Form auch vom *Schüler* bearbeitet werden können. Der Lehrer kann sich mit dem Buch *auf anwendungsbezogene Weise in ausgewählte Bereiche der Stochastik einarbeiten,* denn in gängigen Lehrbüchern zur Wahrscheinlichkeitsrechnung werden derartige Fallstudien kaum angeboten, da sie in der Regel fachsystematisch orientiert sind.

Die Wahrscheinlichkeitsrechnung zeichnet sich gegenüber anderen Gebieten der Oberstufenmathematik u.a. dadurch aus, dass sie zahlreiche interessante, anwendungsnahe und doch relativ elementare Problemstellungen aufweist. Die fachlichen Ansprüche sind zumindest im Anfangsunterricht gering, ein größerer mathematischer Unterbau ist oft nicht nötig. Demzufolge können viele Fragestellungen *mit problemorientierten Ansätzen* bearbeitet werden. *Dabei werden Grundbegriffe oder Vertiefungen orientiert am jeweiligen Anwendungsfall entwickelt.* Der Unterricht wird damit für Schüler und Lehrer interessanter, weil das separate, langweilige Bereitstellen mathematischer Grundlagen entfällt. Leitlinie ist nun der jeweilige Anwendungsfall mit seinen charakteristischen Problemen. Die Mathematik zu ihrer Lösung wird erst beim Auftreten der Probleme entworfen. Daher kommt in diesem Buch der *Modellbildung große Bedeutung* zu. Die hier ausgewählten Fallstudien eignen sich auch gut für projektartige Vorgehensweisen.

Die fünf Unterrichtseinheiten sind formal ähnlich aufgebaut. Zunächst wird die Problemstellung vorgestellt, die in der Unterrichtseinheit benötigten Begriffe aus der Wahrscheinlichkeitsrechnung werden genannt und sind nun hier (falls noch nicht bekannt) im Verlauf des Unterrichts neu einzuführen. In den Vorbemerkungen wird dem Lehrer eine Einschätzung der Thematik aus unterrichtspraktischer Sicht mitgeteilt: Reihenfolge der Themen, ungefährer Zeitbedarf, Schwierigkeitsgrad usw. Danach folgen die verschiedenen Bearbeitungsmethoden für die anstehenden Probleme. Häufig ist es die *Simulation* der vorliegenden Vorgänge, die einen ersten Einstieg ermöglicht und das Problemverständnis fördert.

Weitere *Aufgaben* zeigen zumindest die Richtung an, in der geübt oder weitergeforscht werden kann. Alle Probleme können ohne *Computer* bearbeitet werden. Sein Einsatz kann jedoch verschiedentlich optimierend für den Unterricht sein. Experimentelles Arbeiten an den Problemen führt zu einer Verschiebung der Unterrichtsmethodik. Gelegentlich werden die erweiterten Möglichkeiten durch den Computereinsatz in gesonderten Abschnitten gezeigt. Am Ende fast aller Kapitel gibt es genauere Hinweise. Dort ist auch passende *Software* genannt (für PC mit MS-DOS), die beim Buchautor bezogen werden kann.

Kapitel 1 schildert einen elementaren Einstieg in die Wahrscheinlichkeitsrechnung. Die *Zuverlässigkeit von Bauteilen* ist wegen der Übertragungsmöglichkeit auf Schaltkreise und auf Baumdiagramme eine anschauliche Thematik, die schnell zu wichtigen Grundbegriffen führt und mit der man auch zur Binomialverteilung überleiten kann. **Kapitel 2** schafft Bezüge zur Arbeit von Marktforschungsinstituten, indem das *Kaufverhalten* der Leser exemplarisch an 2 Zeitschriften untersucht wird. Mehrere voneinander unabhängige Bearbeitungsmethoden führen zu gleichen Ergebnissen. Modellbildungsprozesse werden verdeutlicht. Auch hier lassen sich die Vorgänge auf verschiedene Weise grafisch veranschaulichen. **Kapitel 3** dokumentiert einen Einstieg in die Wahrscheinlichkeitsrechnung über ein interessantes *Würfelspiel (Crap)* mit der Frage, inwieweit das Spiel fair ist. Anhand der Spielregeln lässt sich das Spiel leicht simulieren. Anspruchsvoller sind dann die exakten Lösungswege. **Kapitel 4** nimmt *Trading-Cards* (Sammelbilder) zum Ausgangspunkt und fragt nach der Sammeldauer bis zu einem vollständigen Satz. Das Sammeln von Bildern oder anderen Objekten ist gerade bei Jugendlichen immer wieder „in". Unter gewissen Modellvoraussetzungen gibt es auch hier wieder den leichten Einstieg über die Simulation. Die Überlegungen werden dann ausgeweitet bis zu den Begriffen „geometrische Verteilung" und „Erwartungswert" einer Zufallsvariablen.
Da die Problembearbeitung durch Simulation bis auf Kapitel 1 (Zuverlässigkeit) in allen Einheiten eine Rolle spielt, werden Grundlagen der Simulationsmethode in **Kapitel 5** ausführlicher dargestellt und durch Beispiele verdeutlicht. Damit ergeben sich bezüglich der Simulation methodisch mehrere Möglichkeiten:
a) Simulation am jeweiligen Fall einführen, ggf. durch Inhalte aus Kapitel 5 ergänzen.
b) Simulation mit Kapitel 5 einführen.
c) Bei den Problembearbeitungen auf Simulation verzichten.
d) Mit Kapitel 5 beginnen.

Da sich in den einzelnen Kapiteln immer wieder Grundbegriffe wiederholen und keine bestimmte Reihenfolge der Kapitel notwendig ist, wurden diese *Grundbegriffe in einem Glossar* definiert (meistens mit Beispielen), so dass von jedem Kapitel aus auf sie zugegriffen werden kann.
Zu dem Buch gibt es mehrere MS-DOS-Disketten mit diversen zu den entwickelten Inhalten passenden, aus der Unterrichtspraxis heraus entwickelten Programmen, siehe Seite 110.

Berlin, Januar 1997

Eberhard Lehmann

1. Zuverlässigkeit von Bauteilen

1.0 Problemstellung - Grundbegriffe - Vorbemerkungen für den Lehrer

Benötigte Grundbegriffe

Hier werden Begriffe aus der Stochastik und dem Umfeld der Anwendung „Zuverlässigkeit von Bauteilen" genannt, die im Verlauf der Anwendung eingeführt werden sollten (bei Einführung in engerem Sinn) bzw. benutzt werden (falls schon bekannt).
Zuverlässigkeit, Wahrscheinlichkeit, Ausfallwahrscheinlichkeit, Gegenwahrscheinlichkeit, Ereignis, Gegenereignis, Reihenschaltung, Parallelschaltung, Baumdiagramm, Pfadwahrscheinlichkeiten, Pfadregeln, Binomialverteilung.

Das Problem

Die Zuverlässigkeit technischer Geräte wird mit Hilfe von Qualitätskontrollen untersucht, indem man geeignete Stichproben aus einer größeren Anzahl von Geräten entnimmt und aus den statistischen Daten Schlüsse zieht. Da jedoch ein Gerät (*ein System*) in der Regel aus vielen Bauteilen (*Elemente des Systems*) besteht, ist die Zuverlässigkeit jedes Geräts abhängig von der Zuverlässigkeit der verschiedenen Bauteile. Vor der Qualitätskontrolle des Geräts muss also eine Kontrolle der einzelnen Bauteile stehen.

Unter einem System verstehen wir die Menge aller Elemente, deren Zusammenwirken seine Zuverlässigkeit beeinflusst.

- *Kann man Voraussagen über die Zuverlässigkeit eines Systems aufgrund der Zuverlässigkeit seiner einzelnen Elemente machen?*
- *Wie kann man die Zuverlässigkeit eines Systems erhöhen?*

Definition:
Unter der *Zuverlässigkeit eines Elements A* versteht man die *Wahrscheinlichkeit P(A)*, dass das Element innerhalb einer gegebenen Zeit störungsfrei arbeitet. Die *Ausfallwahrscheinlichkeit* (Unzuverlässigkeit) ist dann die *Gegenwahrscheinlichkeit von A*, also gleich 1-P(A).

Wenn ein Element beispielsweise eine Zuverlässigkeit von 0.98 bzw. 98% hat, so bedeutet das: Aufgrund langer Versuchsreihen weiß man, dass Teile dieser Art im Durchschnitt 98% der gegebenen Zeit störungsfrei arbeiten.

Vorbemerkungen für den Lehrer

Diese Unterrichtseinheit ist gut für einen Einstieg in den Stochastikunterricht geeignet. Die *Zufallsexperimente* sind hier von Anfang an ***mehrstufig***. Als Veranschaulichung der Zusammenhänge bieten sich Schaltbilder an. Das Funktionieren von Geräteteilen kann man dann der Anschauung entnehmen. Das Gegenereignis lässt sich sofort anschaulich mit Hilfe der *Ausfallwahrscheinlichkeit* beschreiben. Die angeschnittene Problematik ist leicht ausbaufähig durch komplexere Schaltbilder. Außerdem ergibt sich ein eleganter *Übergang zur Binomialverteilung*, wenn man davon ausgeht, dass die einzelnen Bauteile jeweils die gleiche Zuverlässigkeit haben. Die *praktische Relevanz* der Betrachtungen ist unmittelbar einleuchtend, da sich viele Zufallsexperimente verschiedener Anwendungsgebiete als Verknüpfung von Bauteilen interpretieren lassen.

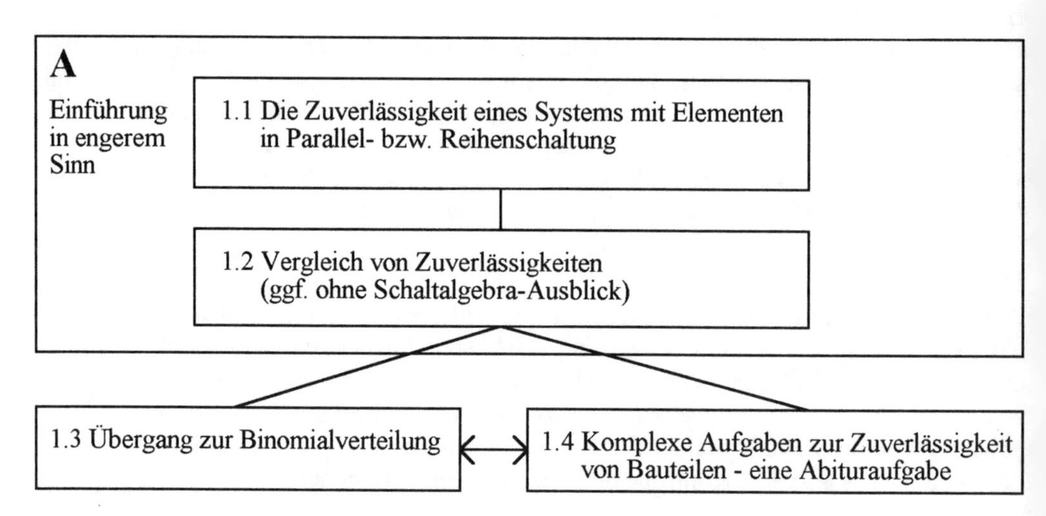

Ungefährer Zeitbedarf im Grundkurs, wenn keine Vorkenntnisse aus der Stochastik vorhanden sind:
Kapitel 1.1: 3 Stunden (mit Übungen)
Kapitel 1.2: 1 Stunde
Kapitel 1.3: 2 Stunden (lediglich Einführung der Binomialverteilung, ohne Ausweitung)
Kapitel 1.4: 2 Stunden (Aufgabe nur teilweise für Grundkurs geeignet)

1.1 Die Zuverlässigkeit eines Systems mit Elementen in Parallel- bzw. Reihenschaltung

Neben der Lebensdauer von Geräten hat ihre Zuverlässigkeit, etwa in der industriellen Elektronik, eine besondere Bedeutung. In der Regel lässt sich die Zuverlässigkeit eines Gerätes auf die ihrer Bauteile zurückführen. Dabei wird unter der Zuverlässigkeit die Wahrscheinlichkeit eines störungsfreien Betriebes während einer gegebenen Zeit verstanden (Definition siehe Vorseite).

Aufgabe 1.1.1: Reihenschaltung der Elemente

Ein System S bestehe aus zwei Elementen, die in Reihe geschaltet sind (siehe Abb.1.1.1.), d.h. der Ausfall eines der Elemente bewirkt den Ausfall des ganzen Systems. Die Zuverlässigkeiten der Elemente seien P(B1) = 99% und P(B2) = 98%.
Wie groß ist die Zuverlässigkeit P(S) des Gesamtsystems S?

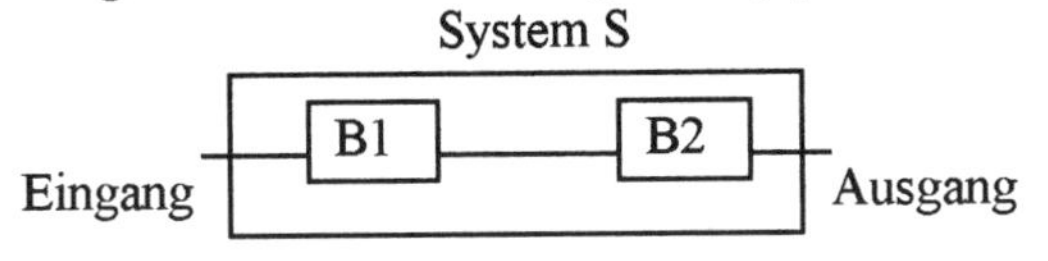

Abb.1.1.1: Reihenschaltung der Bauteile B1 und B2

Lösung:

Weg 1: Orientiert an der in Abb.1.1.1 vorgelegten Schaltung können wir so argumentieren: B1 funktioniert in 99% der Fälle, B2 in 98% der Fälle, insgesamt funktioniert S in 98% der 99% Fälle, also in 99%*98% = 97.02% der Fälle. In Zeichen

P(B1ok)*P(B2ok) = 0.99*0.98 = 0.9702, allgemein
P(S) = P(B1ok und B2ok) = P(B1ok)*P(B2ok)
Dabei wird vorausgesetzt, dass die Teile unabhängig voneinander funktionieren.

Weg 2: Wir können uns die Zusammenhänge auch an einem Baumdiagramm veranschaulichen und dort die Lösung ablesen. - Für die vorliegende Fragestellung kommt nur der obere Pfad in Frage: B1 ok und B2 ok, hierfür ist die Wahrscheinlichkeit a = P(B1ok und B2ok) = P(B1ok)*P(B2ok) = 0.9702. Die anderen Wahrscheinlichkeiten sind in der Abbildung mit b,c,d bezeichnet.

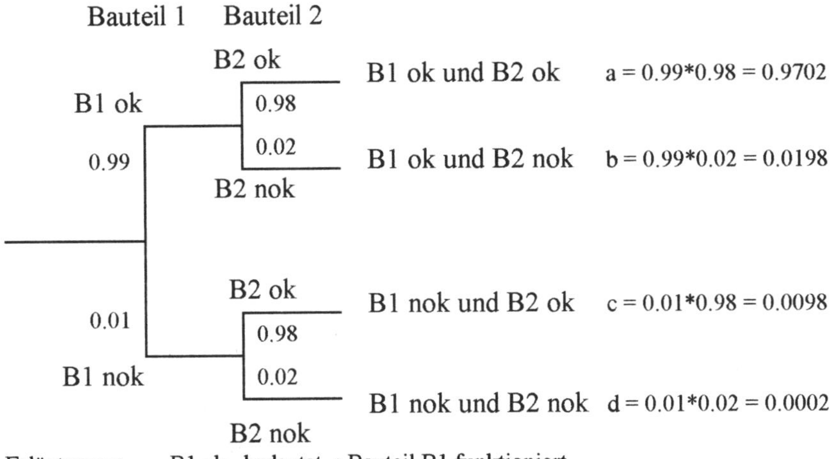

Abb. 1.1.2: Baumdiagramm zur Reihenschaltung und Parallelschaltung

Im folgenden schreiben wir für P(B1ok) kürzer P(B1), die Gegenwahrscheinlichkeit P(B1nok) ist dann 1-P(B1).

Multiplikationsregel der Wahrscheinlichkeitsrechnung (auch 1. Pfadregel genannt)	
P(B1 und B2) = P(B1)*P(B2)	Zuverlässigkeit bei Reihenschaltung
P(Ausfall) = 1 - P(B1)*P(B2)	Ausfallwahrscheinlichkeit bei Reihenschaltung

Aufgabe 1.1.2: Parallelschaltung der Elemente
Ein System T bestehe aus zwei Elementen, die parallel geschaltet sind (siehe Abb.1.1.3.), d.h. nur der Ausfall beider Elemente bewirkt den Ausfall des gesamten Systems. Die Zuverlässigkeiten der Elemente seien P(B1) = 99% und P(B2) = 98%.
Wie groß ist die Zuverlässigkeit P(T) des Gesamtsystems T?

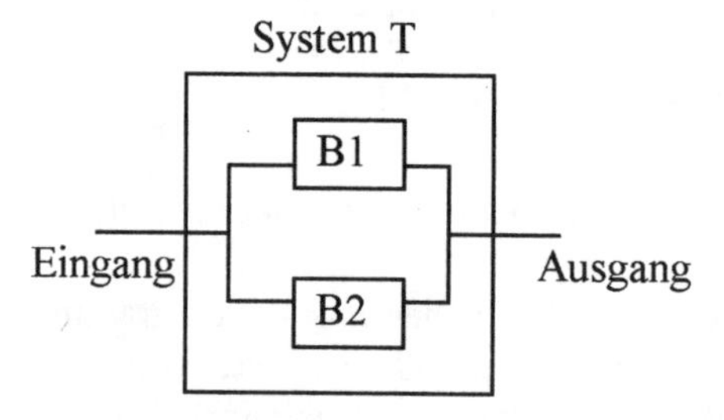

Abb.1.1.3: Parallelschaltung der Bauteile B1 und B2 zum Gesamtsystem T

Wie groß ist die Zuverlässigkeit P(T) des Gesamtsystems T?

Weg 1: Wir berechnen zunächst (weil einfacher) die Wahrscheinlichkeit für den Ausfall des Gesamtsystems. Unter Benutzung der Beziehung
P(Bauteil ok) = 1- P(Bauteil nok) erhält man für die Ausfallwahrscheinlichkeit
(1-P(B1)) * (1-P(B2)) = 0.01*0.02 = 0.0002.
Also ist die Wahrscheinlichkeit für das Funktionieren des Systems gleich
P(S) = P(B1 oder B2)= 1 - (1-P(B1)) * (1-P(B2)) = 1 - 0.0002 = 0.9998.

Allgemein gilt:
P(B1 oder B2)= 1 - (1 - P(B1)) * (1 - P(B2))
P(B1 oder B2)= 1 - (1 - P(B1) - P(B2) + P(B1)*P(B2))

Weg 2: Das Baumdiagramm von Abb.1.1.2 bestätigt die obige Überlegung, andererseits sieht man leicht, dass
P(B1 oder B2) = 0.9702 + 0.0198 + 0.0098 = 0.9998.

Additionsregel der Wahrscheinlichkeitsrechnung	(auch 2. Pfadregel genannt)
P(B1 oder B2) = P(B1) + P(B2) - P(B1)*P(B2)	Zuverlässigkeit bei Parallelschaltung
P(Ausfall) = 1 - [P(B1) + P(B2) - P(B1)*P(B2)]	Ausfallwahrscheinlichkeit bei Parallelschaltung

Hinweis: Das Funktionieren eines Bauteils B kann auch als *Ereignis* B gedeutet werden. (B1 oder B2) ist dann die *Vereinigung der Ereignisse* B1 und B2, (B1 und B2) ist dann der *Durchschnitt der Ereignisse* B1 und B2.

Aufgabe 1.1.3: Systeme aus mehreren Bauteilen
Nennen Sie Beispiele für Systeme, die aus mehreren Bauteilen zusammengesetzt sind. Dabei sollte deutlich werden, dass es nicht nur technische Systeme sind, die man mit den folgenden Methoden untersuchen kann.

1.2 Vergleich von Zuverlässigkeiten

Aufgabe 1.2.1: Vergleich von Zuverlässigkeiten
Drei Bauteile werden wie in Abbildung 1.2.1 zu einem System S geschaltet. Für die Zuverlässigkeiten gelte P(B1)=0.98, P(B2)=0.99, P(B3)=0.975.

a) Berechnen Sie die Zuverlässigkeit des Systems S
   a1) unter Benutzung obiger Formeln für Reihen- und Parallelschaltung,
   a2) unter Benutzung eines passenden Baumdiagramms

b) Zeigen Sie, dass das System T (Abbildung 1.2.2) eine größere Zuverlässigkeit hat.

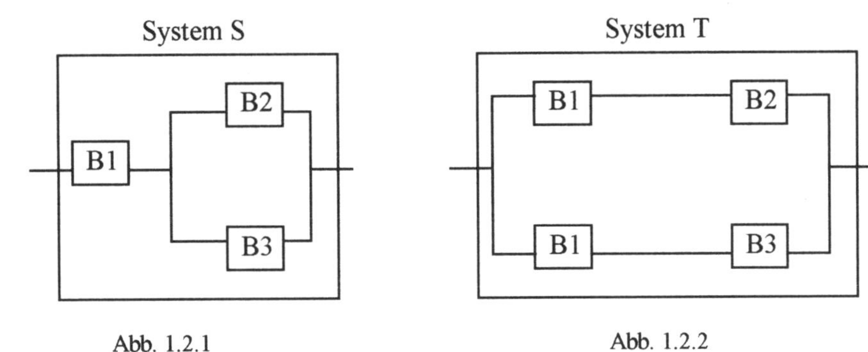

Abb. 1.2.1 Abb. 1.2.2

Lösung zu a1)
P(S) = P(B1) * [(P(B2) + P(B3) - P(B2)*P(B3)]
= 0.98 * [0.99+0.975-0.99*0.975] = 0.979755 ≈ 0.980.

Lösung zu a2)
Im *Baumdiagramm* von Abb. 1.2.2 werden die Zuverlässigkeiten und Ausfallwahrscheinlichkeiten für die einzelnen denkbaren Zustände des Systems eingetragen. Zu berücksichtigen sind die drei Bauteile B1, B2 und B3.

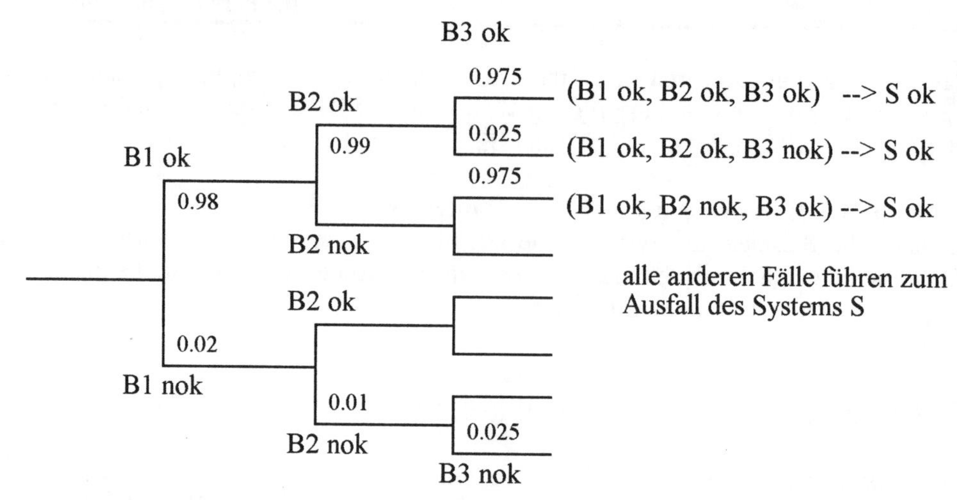

Erläuterung: B1 ok, B1 funktioniert; B1 nok, B1 funktioniert nicht

Abb. 1.2.3: Baumdiagramm zu Aufgabe a2)

Das Baumdiagramm weist die 8 möglichen Fälle auf, die eintreten können - sie spiegeln sich wieder in den 8 Endpunkten des Baums bzw. in den 8 Pfaden dahin. Davon sind die drei oberen *Pfade* relevant für das Funktionieren des Systems S. In jedem Pfad werden die einzelnen *Pfadwahrscheinlichkeiten* miteinander multipliziert (*1.Pfadregel*) und diese drei Ergebnisse werden dann zueinander addiert (*2. Pfadregel*).

P(B1 ok und B2 ok und B3 ok) = P(B1)*P(B2)*P(B3) = 0.98*0.99*0.975=x
P(B1 ok und B2 ok und B3 nok) = P(B1)*P(B2)*(1-P(B3)) = 0.98*0.99*0.025=y
P(B1 ok und B2 nok und B3 ok) = P(B1)*(1-P(B2))*P(B3) = 0.98*0.01*0.975=z
x+y+z = 0.98*(0.96525+0.02475+0.00975) = 0.979755 ≈ 0.980, wie bei Aufgabe a1).

Lösung zu b)
Auch hier kann man einen (vierstufigen) Baum zeichnen, in dem B1 zweimal vorkommt, Abbildung 1.2.4. Die mit Rechtecken markierten Wege sind die für Aufgabe b) relevanten Wege, so daß wir für die Zuverlässigkeit des Systems T erhalten:
d = 0.98*0.99+0.98*0.01*0.98*0.975+0.02*0.99*0.98*0.975+0 .02*0.01*0.98*0.975
d = 0.9986739 ≈ 0.999.

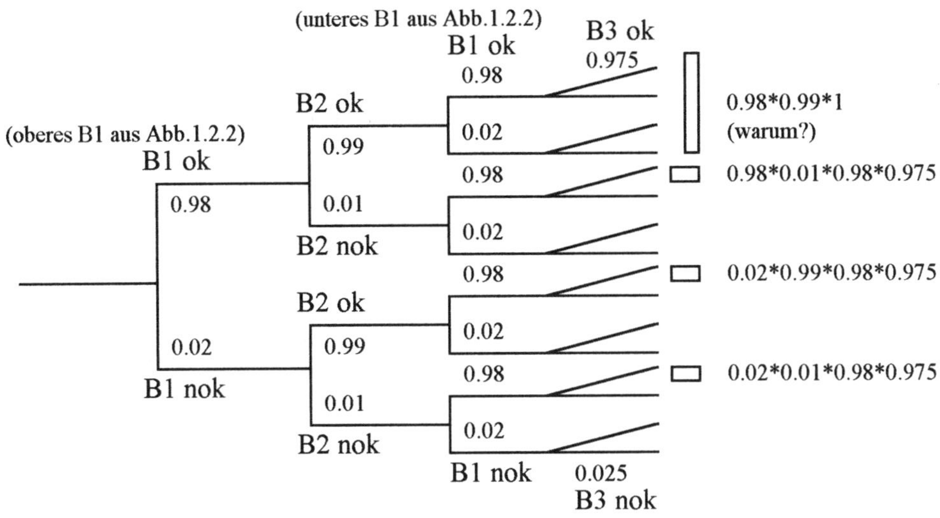

Abb.1.2.4: Baumdiagramm zu b)

Wir können jedoch auch die Formeln für die Parallelschaltung zweier Reihenschaltungen benutzen, also

a = 1 - P(B1)*P(B2) = 1-0.98*0.99 = 0.0298 Ausfall obere Reihe
b = 1 - P(B1)*P(B3) = 1-0.98*0.975 = 0.0445 Ausfall untere Reihe
c = [1 - P(B1)*P(B2)] * [1 - P(B1)*P(B3)] Ausfall beider Reihen gleichzeitig
c = 0.0298 * 0.0445 = 0.0013261
d = 1-c = 1 - 0.0013261 = 0.9986739 Zuverlässigkeit des Systems T

Hinweis: Man kann auch noch anders rechnen:
d = 0.98*0.99 +0.98*0.975 - 0.98*0.99*0.98*0.975 = 0.9986739 (warum?).

Der Vergleich mit der Zuverlässigkeit von System S zeigt, dass das System T zuverlässiger ist: P(T) = 0.9986739, P(S) = 0.979755, also P(T) > P(S).

Aufgabe 1.2.2:
Zeigen Sie: Wenn T und S wie in Abbildung 1.2.1 und 1.2.2 definiert sind, gilt stets P(T) > P(S), unabhängig von den speziellen Zahlenwerten!

Lösungsansatz:
1) P(T) = 1- [1 - P(B1)*P(B2)] * [1 - P(B1)*P(B3)] vereinfachen,
2) P(S) = P(B1) * [(P(B2) + P(B3) - P(B2)*P(B3)] vereinfachen,
3) P(S) und P(T) vergleichen.

1) P(T) = 1- [1 - P(B1)*P(B2)] * [1 - P(B1)*P(B3)]
P(T) = 1- [1 - P(B1)*P(B2) - P(B1)*P(B3) + P(B1)*P(B2)*P(B1)*P(B3)]
P(T) = P(B1)*P(B2) + P(B1)*P(B3) - P(B1)*P(B2)*P(B1)*P(B3)

2) P(S) = P(B1) * [(P(B2) + P(B3) - P(B2)*P(B3)]
P(S) = P(B1)*(P(B2) + P(B1)*P(B3) - P(B1)*P(B2)*P(B3)

3) P(T) - P(S) = - P(B1)*P(B2)*P(B1)*P(B3) - [- P(B1)*P(B2)*P(B3)]
P(T) - P(S) = - P(B1)*P(B2)*P(B3) * [P(B1) - 1]
P(T) - P(S) > 0 , da die eckige Klammer negativ, der Term also insgesamt positiv ist.
(sofern keine Einzelwahrscheinlichkeit 0 oder 1 ist)

Schaltalgebra und Zuverlässigkeit

Die schon oben benutzten Reihen- und Parallelschaltungen für Bauteile legen es nahe, die Verbindung zwischen der Zuverlässigkeit von Bauteilen (das sind auch Schalter) und der Schaltalgebra etwas genauer darzustellen. In der Schaltalgebra werden logische Schaltungen beschrieben und untersucht. Die Grundschaltungen sind Parallelschaltung und Reihenschaltung.

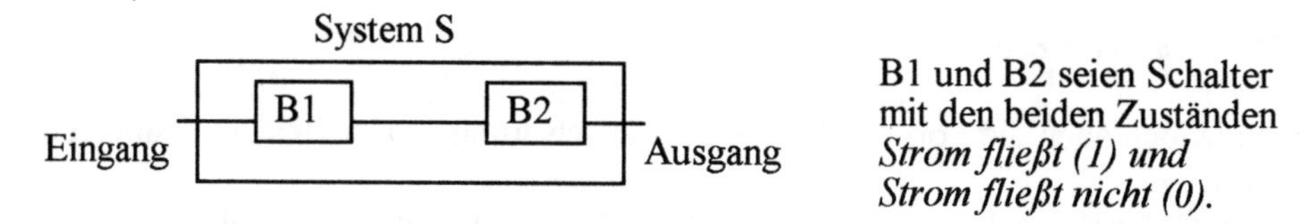

B1 und B2 seien Schalter mit den beiden Zuständen *Strom fließt (1) und Strom fließt nicht (0).*

Abb. 1.2.5: Reihenschaltung zweier Schalter (entsprechend für Parallelschaltung)

Wann fließt Strom?
Die entsprechende Schaltwert-Tafel enthält die verschiedenen Möglichkeiten:

B1	B2	B1∧B2 = T1		B1∨B2 = T2	
(2 Schalter)		(Reihenschaltung)		(Parallelschaltung)	
1	1	1	Strom!	1	Strom!
1	0	0		1	Strom!
0	1	0		1	Strom!
0	0	0		0	
System funktioniert mit der Zuverlässigkeit		P(B1)*P(B2)		P(B1)+P(B2) - P(B1)*P(B2)	

Die 4 Fälle für die beiden Schalter entsprechen den 4 Wegen in einem Baumdiagramm.

Hinweis: Für die Verknüpfung zweier Schalter in Reihe schreibt man ∧ (oder auch •), für die Verknüpfung durch Parallelschaltung ∨ (oder auch +).

Wir betrachten noch einmal die Schaltbilder aus Aufgabe 1.2.1, die zum Vergleich der Zuverlässigkeiten dienten und notieren die zugehörigen Schaltterme und ihre Wertetafeln.

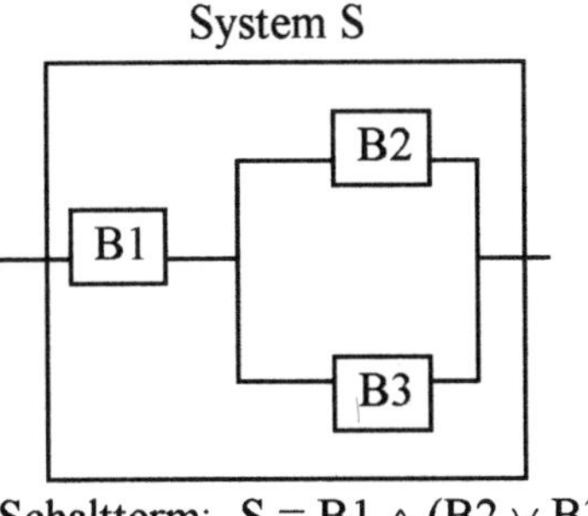

Schaltterm: $S = B1 \wedge (B2 \vee B3)$

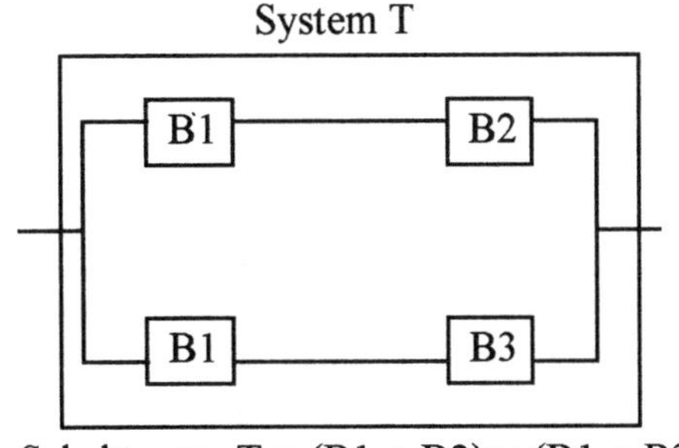

Schaltterm: $T = (B1 \wedge B2) \vee (B1 \wedge B3)$

Abb.1.2.6: Schaltterme

Die zu den Systemen S und T gehörenden Schaltterme lassen sich nach den Gesetzen der Schaltalgebra (hier Distributivgesetz, Beweis ist die Wertetafel) ineinander umformen, dennoch ist die Zuverlässigkeit von T größer, weil Bauteil B1 dort zweimal verwendet wird.

Wertetafeln von S und T:

B1	B2	B3	$S = B1 \wedge (B2 \vee B3)$	$T = (B1 \wedge B2) \vee (B1 \wedge B3)$
1	1	1	1	1
1	1	0	1	1
1	0	1	1	1
1	0	0	0	0
0	1	1	0	0
0	1	0	0	0
0	0	1	0	0
0	0	0	0	0

Wichtige Erkenntnis: Die in den Baumdiagrammen dargestellten Strukturen müssen in zuverlässigkeitstheoretischem Sinn nicht mit denen im schaltungstechnischen Sinn übereinstimmen.

Weitere Aufgaben

Aus diesen Ansätzen ergeben sich nun viele denkbare Aufgabenstellungen:

- Schaltung geben, ihre Zuverlässigkeit berechnen
- Gegebene Schaltung vereinfachen, ihre Zuverlässigkeit berechnen
- Vergleich der Zuverlässigkeit von Schaltungen

Die Vereinfachung einer gegebenen Schaltung kann mit den Gesetzen der Schaltalgebra erfolgen, womit sich insgesamt ein interessanter Zusammenhang zwischen Zuverlässigkeitstheorie und Schaltalgebra ergibt.

Aufgabe 1.2.3: Gerät aus drei Bauteilen
Ein Gerät bestehe aus den drei Elementen A, B, C, die unabhängig voneinander arbeiten. Die Zuverlässigkeit dieser Elemente wird mit P(A) = P(B) = P(C) = 0.98 angegeben. Es werden drei Gerätetypen angeboten, die sich in der Anzahl und Art parallel geschalteter Elemente unterscheiden, siehe Abbildung 1.2.7.

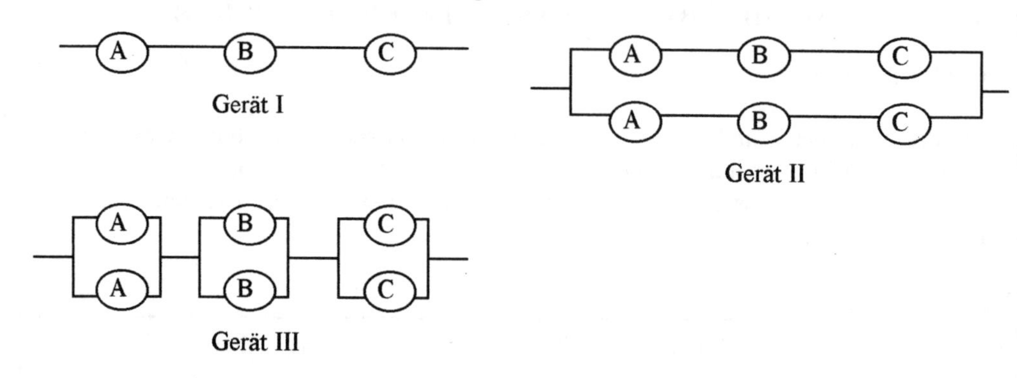

Abb. 1.2.7: Drei Gerätetypen

a) Bestätigen Sie folgende Zuverlässigkeiten:
   P(I) = 0.9412, P(II) = 0.9965, P(III) = 0.9993.

b) Zeigen Sie, dass allgemein gilt
   $P(II) = [1 - (1 - P(I))^2]$ und
   $P(III) = [1 - (1 - P(A))^2] * [1 - (1 - P(B))^2] * [1 - (1-P(C))^2]$

Die Zuverlässigkeit eines Gerätes kann man durch Parallelschalten von genügend Elementen gleichen Typs (Reserveelemente) beliebig erhöhen. Die Kosten und der Platzbedarf werden jedoch größer. Es gilt, einen vernünftigen Komplomiss je nach Anwendungsfall zu finden! Für viele Gerätesysteme hat sich die Verwendung von zwei bis drei parallel geschalteten Elementen als günstig erwiesen.

Aufgabe 1.2.4: Reserveelemente
Ein Grundelement und n Reserveelemente werden parallel geschaltet.
a) Wie groß ist die Zuverlässigkeit des Systems (Abbildung 1.2.8)?
b) Für die Zuverlässigkeit von B gelte P(B) = 0.9. Wieviele Reserveelemente muß man einfügen, um die Zuverlässigkeit des Systems auf 0.9999 zu steigern?

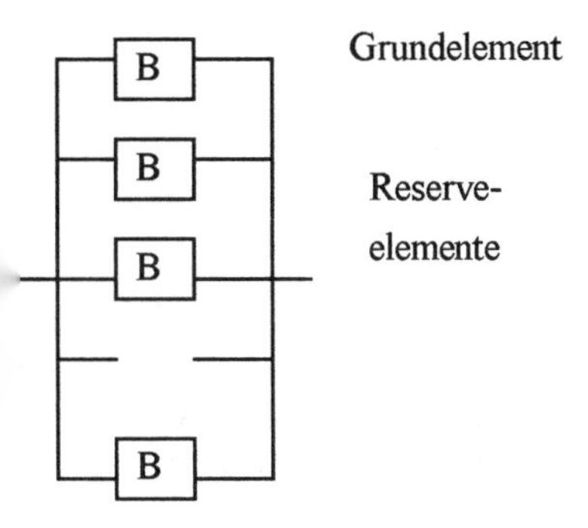

Abb. 1.2.8: Grundelement mit n Reserveelementen

Lösung zu a) : $P(S) = 1 - [1 - P(B)]^n$.
Lösung zu b) : 4 Reserveelemente.

1.3 Übergang zur Binomialverteilung

Die in 1.1 und 1.2 durchgeführten Überlegungen können jederzeit in Überlegungen zur Binomialverteilung übertragen werden, indem man die Gleichheit aller Zuverlässigkeiten voraussetzt. Um jedoch einen allgemeineren Zugang zur Stochastik zu haben, empfiehlt es sich, nicht von Anfang an mit diesem Ansatz zu arbeiten.

Aufgabe 1.3.1:
Die Problemstellung in Kapitel 1.2, Aufgabe 1.2.1 wird nun so geändert, dass alle Zuverlässigkeiten gleich sind, also (allgemein) $P(B1) = P(B2) = P(B3) = p$. Wie ändern sich die Lösungen?

Lösung:
Wir betrachten das Baumdiagramm von Abbildung 1.3.1. Für die Zuverlässigkeit des Systems S ergibt sich:
$P(S) = ppp + pp(1-p) + p(1-p)p = pp(p+1-p+1-p) = pp(2-p)$.

$P(S) = p^2(2-p)$, dagegen wird $P(T) = p^2(2-p^2)$.

Eine graphische Darstellung der beiden Funktionsterme P(T) und P(S) für $p \in [0,1]$ ergibt einen guten Vergleich, siehe Abbildung 1.3.2.

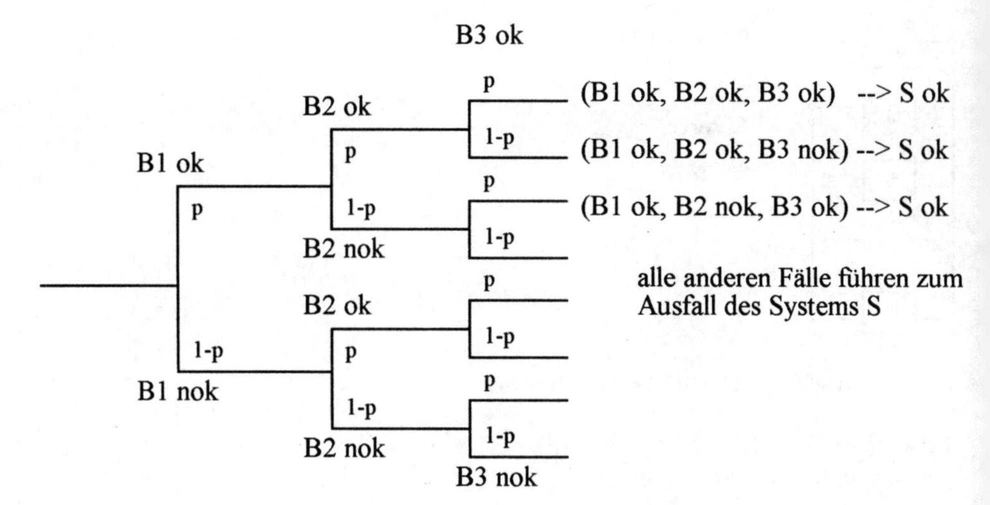

Erläuterung: B1 ok, B1 funktioniert; B1 nok, B1 funktioniert nicht

Abb. 1.3.1: Baumdiagramm zur Binomialverteilung

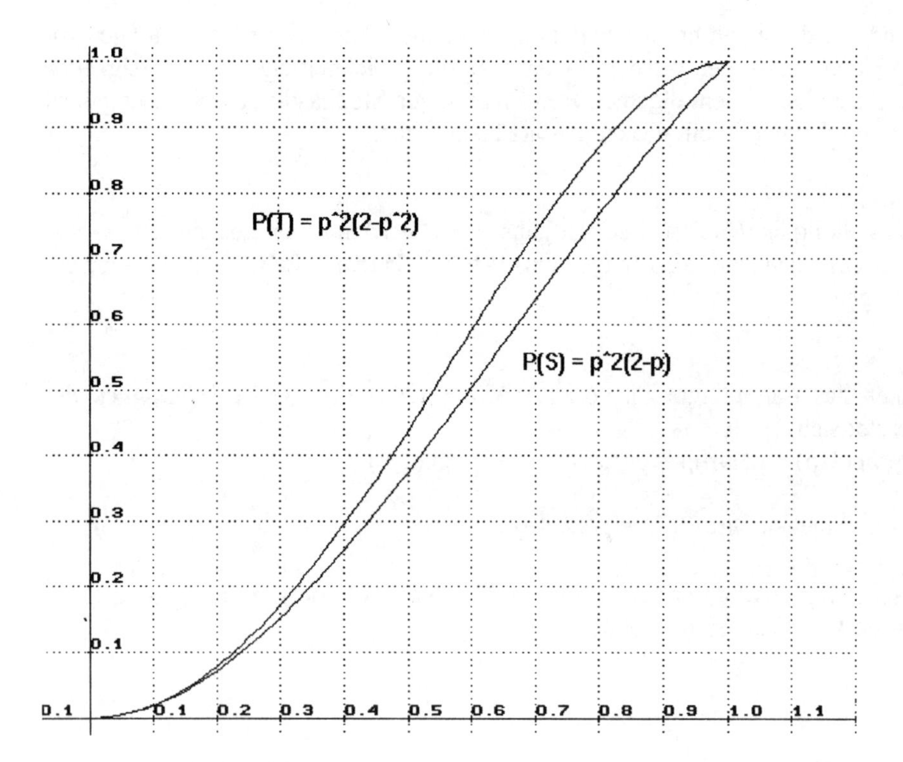

Abb.1.3.2: Vergleich von P(T) und P(S)

Die Binomialverteilung

Wir gehen von Abbildung 1.3.1 aus und beschriften die 8 Endpunkte des Baumdiagramms mit den zugehörigen Pfadwahrscheinlichkeiten. Dann kann man aus der Abbildung ablesen (Additionsregel):

Anzahl funktionierender Bauteile	3	2	1	0
Wahrscheinlichkeit	p^3	$3p^2(1-p)$	$3p(1-p)^2$	$(1-p)^3$

Hier kann nun mit einer genaueren Betrachtung der Binomialverteilung fortgesetzt werden, indem systematisiert wird und andere Anwendungen herangezogen werden.

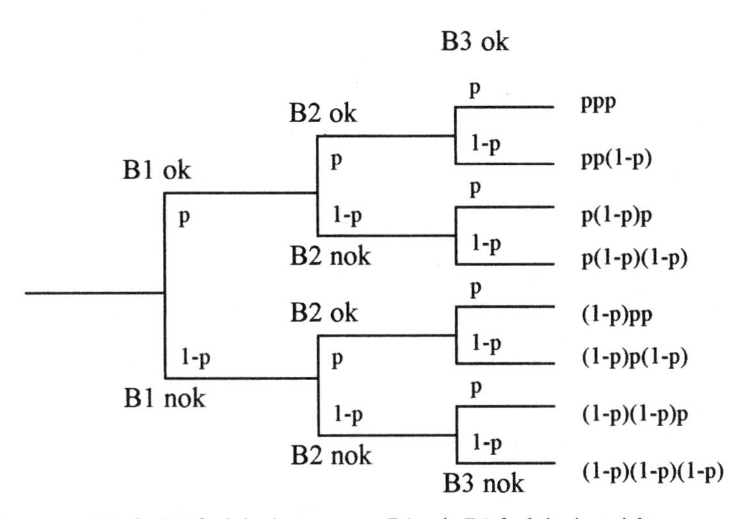

Erläuterung: B1 ok, B1 funktioniert; B1 nok, B1 funktioniert nicht

Abb.1.3.3: Wahrscheinlichkeiten bei der Binomialverteilung

1.4 Komplexe Aufgaben zur Zuverlässigkeit von Bauteilen, eine Abituraufgabe

Die folgende Aufgabe wurde vor Jahren als Abituraufgabe gestellt. Sie arbeitet mit Zuverlässigkeiten, rechnet mit Wahrscheinlichkeiten, benutzt die Binomialverteilung und wertet Graphen aus. Die Aufgabe wurde als Leistungskursaufgabe konzipiert.

Die Aufgabe beginnt mit einer gängigen Problemstellung, die ein Baumdiagramm erfragt und in die Thematik *Zuverlässigkeit von Bauteilen* einführt. Der Baum kann verkürzt dar-gestellt werden, da der Zweig "Hauptmotor intakt" nicht weiter verfolgt werden muss. Aufgabenteil 1.4.1.2 fragt weitere Grundbegriffe der Stochastik ab, u.a. Zufallsvariable, Binomialverteilung, Wahrscheinlichkeiten über einem Bereich. In 1.4.1.1. und 1.4.1.2 muss mit Wahrscheinlichkeiten (elementar) gerechnet werden. 1.4.1.2.c wird als

schwierigster Aufgabenteil angesehen, da es hier um *Auswertungen* geht. Kluge Schüler erkennen, dass Ihnen hier 1.4.1.3 helfen könnte. Der dort gewählte grafische Einstieg in einige der Problemstellungen ist weitgehend unabhängig von 1.4.1.2. Das vorgelegte Material mit den angefügten Bezeichnungen lässt diesen Ansatz zu. In 1.4.1.3 werden auch einfache Elemente einer Kurvendiskussion abgefragt. Die Schwierigkeiten bei 1.4.1.3 liegen in dem gebietsübergreifenden Aspekt.
Die Aufgabe zeigt damit auch, wie sich Grundelemente verschiedener Gebiete miteinander verknüpfen und sehr unterschiedliche Bereiche abfragen lassen.

Aufgabe 1.4.1:
1.4.1.1 Ein Flugzeug mit drei unabhängig voneinander arbeitenden Motoren kann sich in der Luft halten, wenn der Hauptmotor in der Mitte oder beide Nebenmotoren arbeiten.
Zuverlässigkeit für den Hauptmotor: p_H, Zuverlässigkeit für die Nebenmotoren: p_N
Mit welcher Wahrscheinlichkeit stürzt das Flugzeug ab?
a) Zeichnen Sie ein Baumdiagramm,
b) geben Sie den Ergebnisraum an,
c) führen Sie die Rechnung durch (allgemein und für p_H=0.999; p_N=0.998). Geben Sie für das allgemeine Ergebnis einen möglichst kurzen Term an.

1.4.1.2 Betrachten Sie zwei Flugzeuge mit drei bzw. vier Motoren, wobei jeder Motor mit der Zuverlässigkeit p arbeiten. Das heißt, jeder Flugzeugmotor versage bei einem Flug unabhängig von den anderen Motoren mit der Wahrscheinlichkeit $q=1-p$. Ein Flugzeug hält sich in der Luft, wenn mindestens die Hälfte der Motoren arbeitet.
Es soll festgestellt werden, ob das Flugzeug mit drei oder mit vier Motoren sicherer ist!
Hinweis: Das Zeichnen eines Baumdiagramms ist nicht nötig, da die Überlegungen auch ohne dieses Hilfsmittel erfolgen können. Überlegungen erläutern!
a) Definieren Sie Zufallsvariable für die Anzahl der arbeitenden Motoren.
b) Berechnen Sie die Zuverlässigkeit für jedes Flugzeug. Führen Sie die fraglichen Wahrscheinlichkeiten für beide Flugzeuge auf p zurück.
c) Welches der beiden Flugzeuge ist zuverlässiger? Zeigen Sie zunächst, dass der Term $d = 3p^2(1-p)^2$ zur Beantwortung benutzt werden kann.

1.4.1.3 Hinweis: Sie können diese Teilaufgabe großenteils unabhängig von den Rechnungen zu 1.4.1.2 bearbeiten!
Die beigefügte Figur 1.4.1 veranschaulicht die Problemstellungen 1.4.1.2.b und 1.4.1.2.c und hilft bei der Interpretation Ihrer Ergebnisse.
a) Erläutern Sie die Figur (Definitionsbereich, Graphen, Zusammenhänge, Funktionsgleichungen, Bezug zu den Ergebnissen von Teil 1.4.1.2.).
b) Wo liegt das Maximum von Graph G_3 zu $d = 3p^2(1-p)^2$? Was bedeutet es?

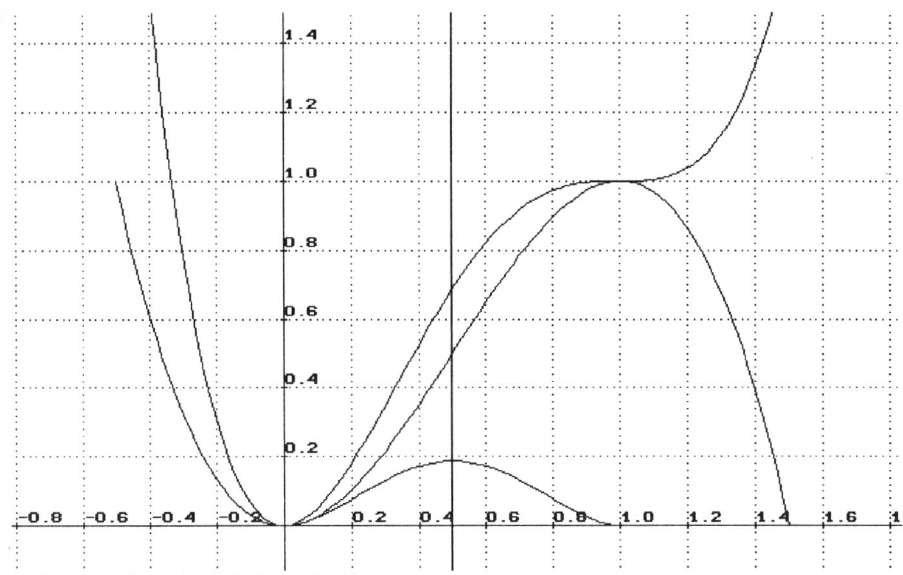

Abb. 1.4.1: Zuverlässigkeit zweier Flugzeuge

Lösungen - Ergebnisse - Didaktischer Zusammenhang

Erwartete Teilleistungen	Bewertungseinheiten in den Anforderungsbereichen AB 1	AB2	AB3	Didaktischer Zusammenhang
1.4.1.1				
a) Baumdiagramm, 3 Stufen (Hauptmotor, Nebenmotor 1 und 2	3	-	-	Baumdiagramme wurden in vielen Anwendungen geübt
b) $\Omega=\{(H,N1,N2)...\}$ $/\Omega/=8$	2	-	-	Ω ergibt sich aus den Vorüberlegungen oder dem Baum
c) P(in der Luft)= $p_H+(1-p_H)p_Np_N=0.9999996$	-	3	-	Das gewünschte kurze Ergebnis erfordert vom Schüler Überblick bei der Auswahl relevanter Pfade.

1.4.1.2				
a) X sei Anzahl der arbeitenden Motoren, $X_1=\{0,1,2,3\}$, $X_2=\{0,1,2,3,4\}$	2	-	-	
b) $P(X_1\geq 2)=p^3+3p^2q$	-	2	-	Binomialverteilung
$P(X_2\geq 2)=p^4+4p^3q+6p^2q^2$	-	3	-	anwenden,
$P(X_1\geq 2)=3p^2-p^3$	-	1	-	
$P(X2\geq 2)=6p^2-8p^3+3p^4$	-	2	-	zeitaufwendige Rechnung
c) $P(X_2\geq 2)-P(X_1\geq 2)=3p^2(1-p)^2$	-	-	4	Ansatz "Differenzbildung" erkennen, geschickte Umformung führt zu d. Fallunterscheidung nötig.
$d=3p^2(1-p)^2>0$ für $p\in]0,1[$, Flugzeug2 zuverlässiger. Für $p=0$, $p=1$ gleiche Zuverlässigkeit				
1.4.1.3				
a) Erläuterung der Figur:	-	4	-	
$p\in D=[0,1]$, Graphen geben die Zuverlässigkeit für verschiedene p-Werte, G_3 Differenzgraph: Unterschiede in der Zuverlässigkeit,				
G1: $f_1=3p^2-p^3$				Bezug zu 1.4.1.2
G2: $f_2=6p^2-8p^3+3p^4$				
G3: $f_3=f_2-f_1=3p^2(1-p)^2$				
b) d' bilden, 12p ausklammern:	2	-	-	Grundelemente einer einfachen Kurvendiskussion, Querverbindung zur Differentialrechnung
$d'(p)=12p(p^2-1.5p+0.5)$ => $p_1=0, p_2=1, p_3=0.5$	3	-	-	
$d''(p)=36p^2-36p+6$	1	-	-	
$d''(0.5)=-3$ =>	1	-	-	
Maximum (0.5;0.1875)	-	1	-	
Für p=0.5 ergibt sich die größte Abweichung in der Zuverlässigkeit der beiden Flugzeuge, nämlich die Abweichung 0.1875, etwa 19%.	-	2	-	Auswertung
Summe der Bewertungseinheiten	15	17	4	insgesamt 36
in Prozent	42	47	11	

1.5 Hinweise zum Computereinsatz

Computereinsatz ist in der beschriebenen Unterrichtseinheit bzw. in Fortführungen derselben an verschiedenen Stellen nützlich.

A) **Die Zuverlässigkeit von Systemen** kann mit Programmen simuliert werden, die logische Schaltungen realisieren. Ein solches Programm ist LOG-SIM vom Cornelsen-Verlag. Weiterhin gibt es dafür spezielle CAD-Programme, die allerdings recht teuer sind.

B) **Für die Erarbeitung der Pfadregeln im Baum** ist das Programm PFAD-RG3 nützlich, siehe Anhang über Disketten am Ende des Buches. Die folgende Abbildung zeigt eine Bildschirmkopie und die Grundidee: In dem zweistufigen Baum werden die Wahrscheinlichkeit an den einzelnen Ästen eingegeben, dann wird die Anzahl der Durchläufe bestimmt - im vorliegenden Fall 2000. An verschiedenen Stellen laufen nun Zählwerke, die die absolute und die relative Häufigkeit im Verlauf der Arbeit des Programms angeben. Die Ergebnisse und einige Wiederholungen führen zur Vermutung, dass sich die Wahrscheinlichkeiten multiplizieren.

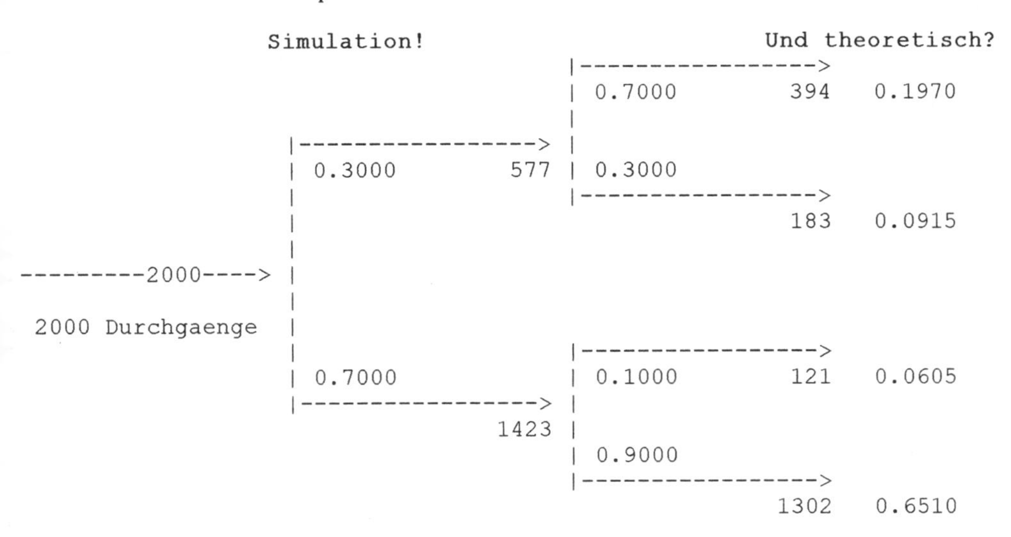

Abb. 1.5.1: Simulation der Pfadregeln mit dem Programm PFAD-RG3

C) Das Programm DISJ-NF1 zeigt für drei Schaltelemente, wie der Schaltterm aus der Wertetabelle mit Hilfe der disjunktiven Normalform konstruiert werden kann (siehe Anhang über Disketten am Ende des Buches).

```
SCHALTALGEBRA: Disjunktive Normalform bei 3 Variablen

Variablen         Funktionswerte       Terme der vollständigen
x  y  z           f  Eingabe           disjunktiven Normalform
-------------------------------------------------------------
0  0  0           1                    x'* y'* z'
0  0  1           1                    x'* y'* z
0  1  0           1                    x'* y * z'
0  1  1           1                    x'* y * z
1  0  0           0                    x * y'* z'
1  0  1           0                    x * y'* z
1  1  0           0                    x * y * z'
1  1  1           1                    x * y * z
-------------------------------------------------------------
Die disjunktive Normalform für f lautet

f = x`*y`*z`+ x`*y`*z+ x`*y*z`+ x`*y*z+ x*y*z

Weiter?  (j,n) =
```

D) **Für die Binomialverteilung** gibt es diverse Programme, die das Galton-Brett simulieren. Für die funktionale Darstellung eignet sich u.a. das Funktionen-Plotprogramm HL-PLOT10 (siehe Kapitel 2.9 und Anhang über Disketten am Ende des Buches).

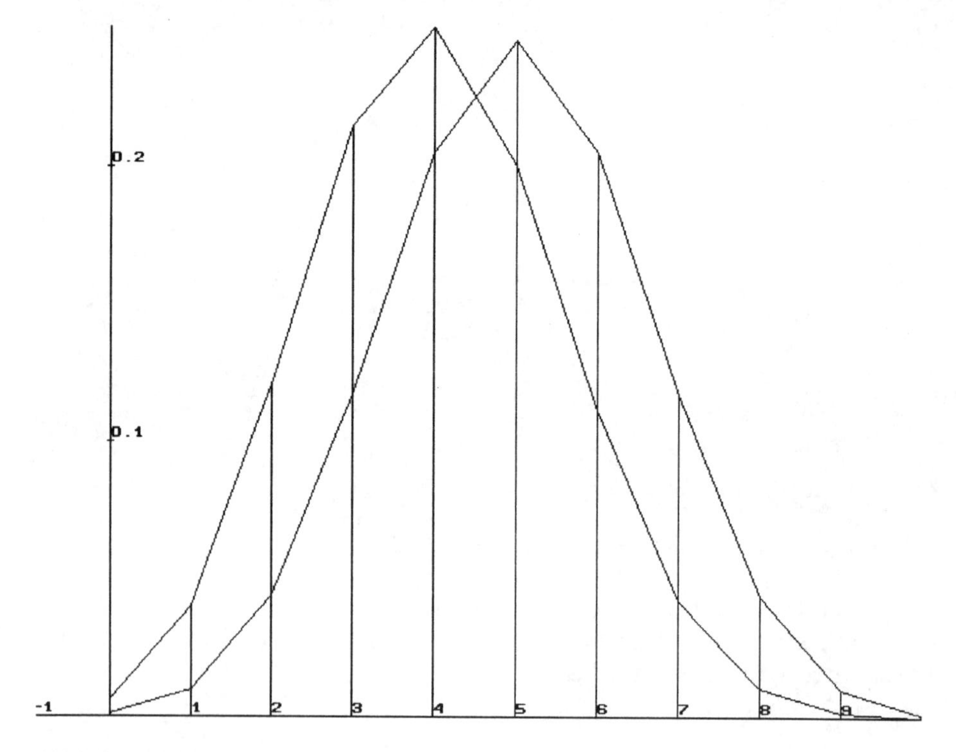

Abb.1.5.2: Binomialverteilung B(n,k,p) mit n=10,k=1..10, p=0.4 bzw. p=0.5, gezeichnet mit HL-PLOT10

2. Eine Studie zum Kaufverhalten

2.0 Problemstellung - Grundbegriffe - Vorbemerkungen für den Lehrer

Benötigte Grundbegriffe
Hier werden Begriffe aus der Stochastik und dem Umfeld der Anwendung genannt, die im Verlauf der der Unterrichtsreihe „Kaufverhalten" eingeführt werden sollten (bei Einführung in engerem Sinn, Kapitel 2.1.,2.2) bzw. benutzt werden (falls schon bekannt).
Modellierung, statistische Daten, repräsentative Auswahl, relative Häufigkeit, absolute Häufigkeit, Anfangsverteilung, Strichliste, Übergangstabelle, Übergangsmatrix, Übergangsgraph, Wahrscheinlichkeit (statistische Definition), Baumdiagramm, Übergangswahrscheinlichkeiten, Knoten, Pfade, Multiplikationssatz, (Pfadregel 1), Additionssatz (Pfadregel 2), reduziertes Baumdiagramm.

Das Problem
Ein Marktforschungsinstitut wurde von einem Verlag damit beauftragt, das Kaufverhalten der Käufer von zwei neu aufgelegten, wöchentlich erscheinenden Computerzeitschriften A und B des eigenen Verlages zu untersuchen, um so Hilfen für spätere Produktions- und Vertriebsentscheidungen zu liefern. A und B unterscheiden sich in der Aufmachung und in der fachlichen Orientierung (mehr Software, mehr Hardware). Sie enthalten jedoch auch Artikel und Werbung, die ähnlichen Inhalts sind. Konkurrenzzeitschriften gibt es noch nicht.
Das Institut ermittelt mit Hilfe statistischer Untersuchungen, dass zwischen den beiden Zeitschriften wöchentliche Wechsel der Käufer stattfinden, die sich durch die Übergangstabelle S wie folgt beschreiben lassen:

Übergang von Woche n zu Woche (n+1), Wechsel zwischen den Zeitschriften:

zu	A	B
von A	80%	20%
von B	5%	95%

Beispielsweise kaufen also (von Woche zu Woche) 20% der A-Käufer nun die Zeitschrift B.

Anfangs (in Woche 0) kauften 2000 Kunden die Zeitschrift A und 3000 Kunden die Zeitschrift B.
Wie entwickeln sich die Käuferzahlen in Woche 1, Woche 2, ... langfristig?

Vorbemerkungen für den Lehrer
Das Thema ist nach meinen Erfahrungen hervorragend geeignet, um in die Stochastik einzusteigen, kann aber auch als spätere Anwendung dienen. Die zur Problemlösung herangezogenen Verfahren sind elementar und den Schülern in der Regel zum Zeitpunkt des Stochastik-Unterrichts (längst) bekannt. *Unabhängig voneinander kann man diverse mathematische Hilfsmittel benutzen.* Das folgende Diagramm beschreibt einige Zusam-

menhänge und gibt gleichzeitig mögliche Reihenfolgen für eine Unterrichtseinheit an, siehe Abbildung 2.1.

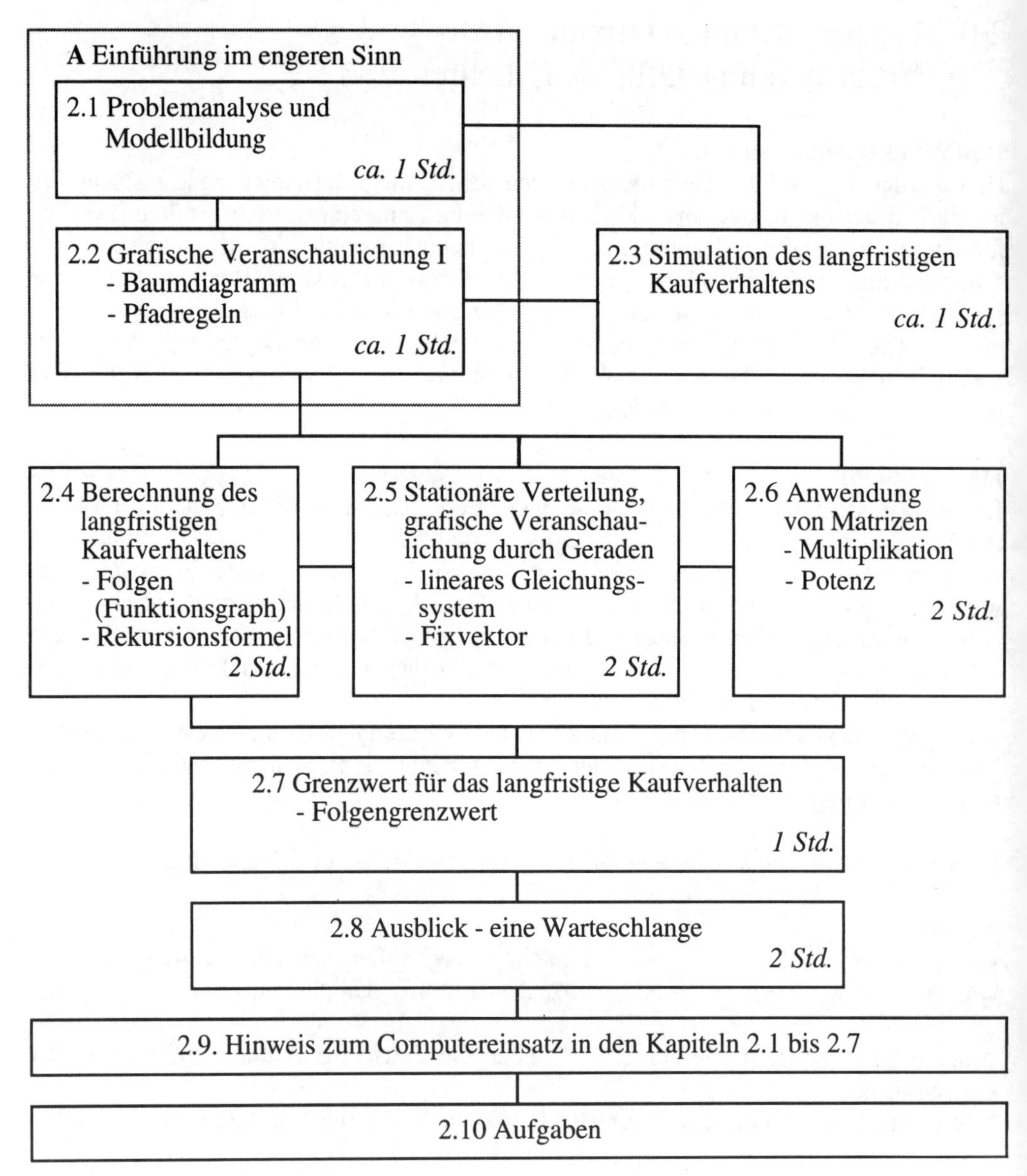

Für die Einführung in die Stochastik an diesem Beispiel ergeben sich mehrere Möglichkeiten:

Einführungen im engeren Sinn:

1) 2.1, dann 2.2 (A)
2) 2.1, dann 2.3 dann 2.2
3) 2.1, dann 2.2 dann 2.3

2.4, 2.5 und 2.6 stellen Erweiterungen dar, bei denen Bezüge zur Analysis und Linearen Algebra besonders deutlich werden und die jeweils auch unabhängig voneinander behandelt werden können. Eine elegante Fortsetzung der Einführung stellt 2.6 dar, wenn Matrizen aus der Linearen Algebra bereits bekannt sind oder auf diese Weise anwendungsbezogen eingeführt werden sollen. 2.7 setzt 2.4 (Folgen) bzw. 2.6 (Matrizen) voraus.

Die Fülle möglicher Lösungsansätze macht das Problem auch besonders geeignet für ein Unterrichtsprojekt, in dem verschiedene Schülergruppen arbeitsteilig weitgehend selbständig Lösungsansätze verfolgen, die später zu einem Gesamtbild zusammengefügt werden können. Fachwissenschaftlich lässt sich das Problem in das sehr anwendungsbezogene und gebietsübergreifende Gebiet *Markow-Ketten* einordnen, ohne dass hier jedoch wegen der Elementarität der Fragestellung deren Theorie betrachtet werden müsste.

2.1 Problemanalyse und Modellbildung

In der obigen Problemstellung werden gewisse Zahlenwerte vorgegeben. Dabei ergibt sich die Frage, wie das Marktinstitut zu diesen Werten gekommen ist, d.h. die Frage der Modellierung des Systems.

(1) Es geht zunächst um die Analyse der Situation. Der Verlag könnte eine Statistik beginnen, die den Absatz der beiden Zeitschriften enthält. An Hand dieser Statistik könnten Entscheidungen getroffen werden. Allerdings würde es lange dauern, bis hier Trends erkennbar sind.

(2) Das Marktforschungsinstitut geht anders vor. Es untersucht zunächst über einige Monate hinweg a) **den Wechsel einer repräsentativen Auswahl von Käufern von Woche zu Woche** zwischen den Zeitschriften A und B, um so zunächst neben den reinen Absatzzahlen auch einige statistische Daten über das Kaufverhalten von Kunden zu gewinnen.
b) Falls sich für den Übergang zwischen den Zeitschriften Trends feststellen lassen, sollte es möglich sein, diesen **Trend über weitere Monate hinweg zu verfolgen und "hochzu-rechnen".**

Statistische Daten

Das Marktforschungsinstitut entscheidet sich für eine Befragung von 500 Käufern. Es stellt fest, dass diese Käufer zu Beginn der Umfrage folgendermaßen kaufen:

200 Personen kauften Zeitschrift A (absolute Häufigkeit H(A)=200),
300 Personen kauften Zeitschrift B (absolute Häufigkeit H(B)=300).

Dann gilt
200/500 = 0.4=40% kauften Zeitschrift A (relative Häufigkeit h(A)=0.4)
300/500 = 0.6=60% kauften Zeitschrift B (relative Häufigkeit h(B)=0.6)

Der „Kauf der Zeitschrift A" kann auch als ***Ereignis*** interpretiert werden (Definition siehe Glossar). Dann kann definiert werden:

Tritt in einer Folge von n Versuchen ein Ereignis E genau H(E) mal ein ***(absolute Häufigkeit von E)***, so nennt man h(E):=H(E) / n die ***relative Häufigkeit von E***.

Gemäß den obigen Daten wird verständlich, dass wir als Anfangsverteilung wählen: *Anfangsverteilung (h(A), h(B))* = (0.4; 0.6), kurz (a,b) = (0.4; 0.6).

Hinweis: An dieser Stelle ist eine günstige Gelegenheit, den Begriff der Wahrscheinlichkeit - hier als „Grenzwert" der relativen Häufigkeit einzuführen.

Die Erfahrung zeigt, dass sich relative Häufigkeiten h(E) häufig auf einen bestimmten Wert einpendeln. Diesen bezeichnen wir als ***Wahrscheinlichkeit P(E) des Ereignisses E.***

Für das Kaufverhalten wurde festgestellt:

	Kauf in Woche ...	
Käufer	1 2 3 4 5 6 ...	
1	A A B A A B ...	Folge von Übergängen (*Übergangskette*)
2	A B B B B B ...	
3	B B B B B B ...	
usw.		
500	B B A A A B ...	Tabelle 1

Um Tabelle 1 auszuwerten, müssen vier Fälle unterschieden werden, die in *Strichlisten* notiert werden können.

Kauf A, wieder Kauf von A: //////// usw. Kauf A, Wechsel zu Kauf B: //// usw.
Kauf B, Wechsel zu Kauf A: /// usw. Kauf B, wieder Kauf B: ////////// usw.

Übergangsmatrix - Übergangsgraph

Die Ergebnisse werden in *Übergangstabellen* (auch *Übergangsmatrizen* genannt) festgehalten:

Woche 0 → Woche 1

	zu A	zu B
von A	79%	21%
von B	5%	95%

Woche 1 → Woche 2

	zu A	zu B
von A	81%	19%
von B	5%	95%

Woche 2 → Woche 3

	zu A	zu B
von A	78%	22%
von B	4%	96%

Da die Prozentsätze etwa gleich bleiben, nimmt das Institut folgende Übergangstabelle S als von Woche zu Woche gültig an (Modellierung!):

	zu A	zu B	
von A	80%	20%	*Übergangsmatrix* S
von B	5%	95%	Woche n → Woche n+1

Die obigen Prozentsätze können als Wahrscheinlichkeiten gedeutet werden. Man spricht dann hier von *Übergangswahrscheinlichkeiten*. Weiterhin lassen sich nun auch grundlegende Eigenschaften von Wahrscheinlichkeiten benennen:
$0 \leq P(E) \leq 1$, $P(\emptyset)=0$, $P(\Omega)=1$, siehe Glossar.

Die Übergangstabelle kann auch in einem *Übergangsgraphen* dargestellt werden:

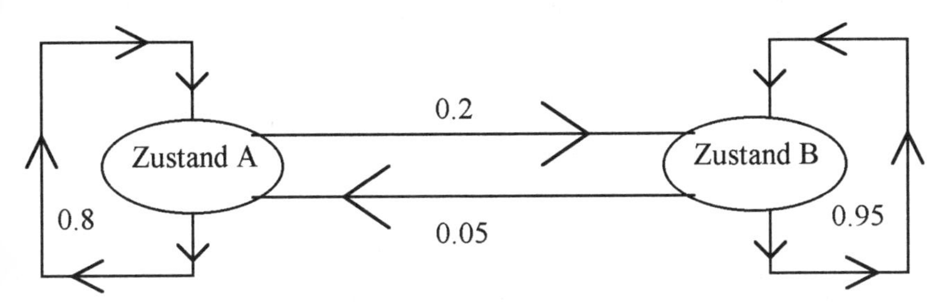

Abb.2.1.1: Übergangsgraph

Modellkritik

Bei der bisherigen Modellbildung wurden zwei Annahmen gemacht, die zwar so üblich, aber doch recht "gewagt" sind:
1) Der Wechsel der Käufer findet nur zwischen den Zeitschriften A und B statt, alle untersuchten Personen kaufen in jeder Woche genau eine dieser Zeitschriften.
2) Der Wechsel findet jeweils mit den oben genannten Übergangsprozentsätzen statt.
3) Es bleiben immer die gleichen Käufer.

2.2 Grafische Veranschaulichung - Baumdiagramm, Pfadregeln

Für die grafische Veranschaulichung bieten sich mehrere Möglichkeiten an. Baumdiagramme, Folgengraphen, Geraden, "Spiralen". Dabei sind *Baumdiagramme* das wichtigste Veranschaulichungsmittel für den Stochastik-Unterricht. Für das vorliegende Problem wird das Baumdiagramm von Abbildung 2.2.1 erstellt. Im Baum unterscheiden wir *Knoten* (Z1 usw.) und *Pfade* (z.B. den Pfad "Start - Z1 - Z2 - Z1). An diesem leicht (ohne besondere Vorkenntnisse) zu erstellenden Baumdiagramm lassen sich nun bereits diverse Aspekte der Wahrscheinlichkeitsrechnung verdeutlichen:

a) **Multiplikationssatz (Pfadregel 1)**:
Wieviel Käufer von Zeitschrift A (Zustand Z1) kann man nach 2 Wochen erwarten, ohne dass sie zwischendurch gewechselt haben?
Lösung: *Die Werte an den einzelnen Zweigen einer Pfades werden miteinander multipliziert:* 200*80%*80% = 200*0.8*0.8 = 128 (von den 500 betrachteten Käufern). Im Mittel kaufen also nach 2 Wochen 128 der betrachteten Personen Zeitschrift A, ohne zwischendurch zu wechseln.

Hinweis: Unter a) finden sich Formulierungen wie "erwarten" und "im Mittel", die auf den Begriff „Erwartungswert" hinweisen, siehe Glossar (Erwartungswert einer Zufallsvariablen). Es ist hier jedoch nicht nötig, diese Begriffe genauer zu definieren - man kann sie hier noch intuitiv verwenden.

b) **Additionssatz (Pfadregel 2):**
Wieviel Käufer von Zeitschrift A kann man nach 2 Wochen erwarten? Die Lösung ergibt sich durch Benutzung der Pfadregel 1.

Lösung:	200*80%*80% =	200*0.8*0.8	= 128 Käufer,
		200*0.2*0.05	= 2 Käufer,
		300* 0.05*0.8	= 12 Käufer,
		300* 0.95*0.05	= 14.25 (14Käufer).

Insgesamt:
200*0.8*0.8 + 200*0.2*0.05 + 300* 0.05*0.8 + 300* 0.95*0.05 = 156.25.
Im Mittel kaufen also 156 der 500 betracheteten Personen nach 2 Wochen Zeitschrift A.
In diesem Fall mussten die einzelnen in Frage kommenden vier Pfadwahrscheinlichkeiten addiert werden.

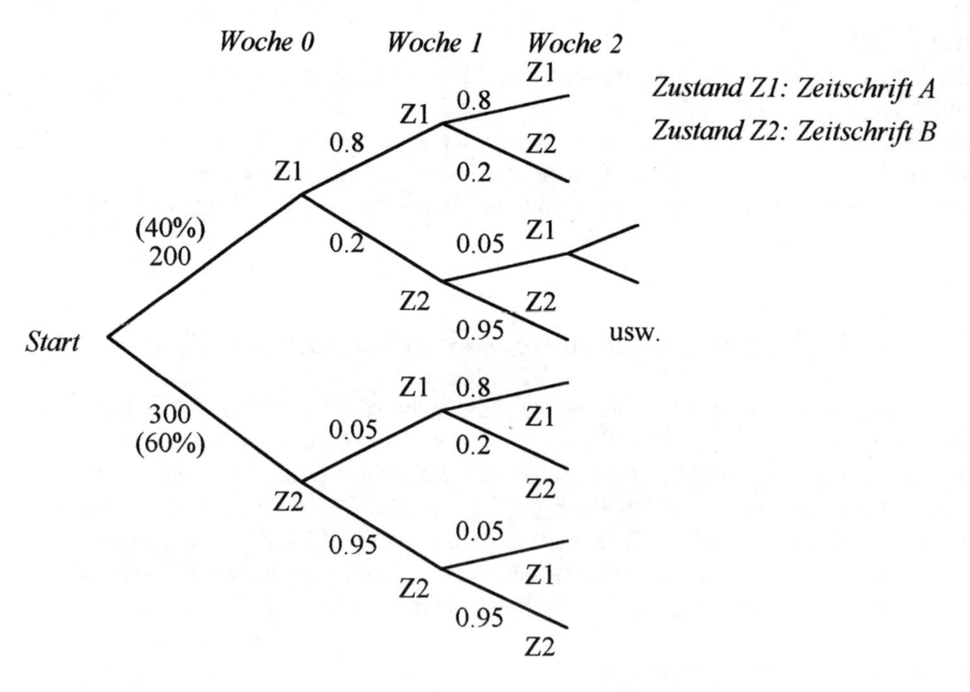

Abb.2.2.1 : Baumdiagramm "Kaufverhalten"

Der Umfang des Baumdiagramms wächst mit zunehmender Anzahl von Übergangsstufen schnell an, so dass sich eine andere Darstellung anbietet, z.B. die in einem reduzierten Baumdiagramm, Abb. 2.2.2. Dieses fasst die Wege zusammen und verdeutlicht die vielen Stufen besser als ein normales Baumdiagramm. Die obigen Fragen a), b) lassen auch mit dem reduzierten Baum leicht beantworten. Die Abbildung leitet auch gut über zu Fragen zum langfristigen Verhalten des Systems, siehe Kapitel 2.4, 2.5.

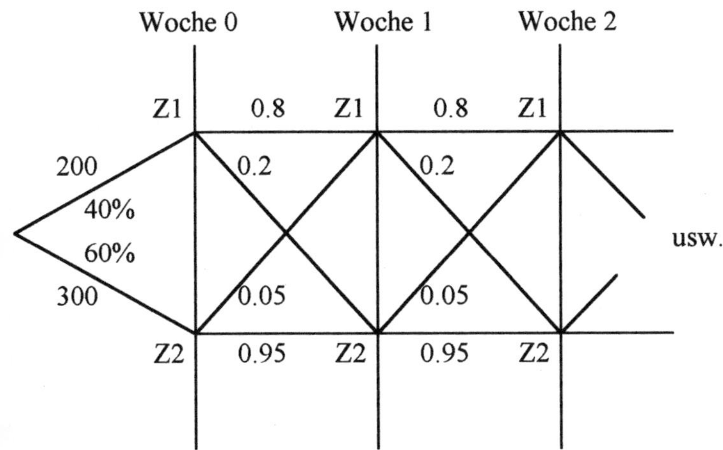

Abb.2.2.2 : *Reduziertes Baumdiagramm* "Kaufverhalten"

2.3 Simulation des langfristigen Kaufverhaltens

Der wohl elementarste Weg zur Untersuchung des langfristigen Systemsverhaltens ist seine *Simulation* mit Hilfe von *Zufallszahlen* auf dem Taschenrechner oder mit Einsatz des Computers.

Hierzu geht man von einem Anfangszustand aus, ermittelt eine Zufallszahl z zwischen 0 und 1 ($z \in [0,1[$) und fährt fort unter Benutzung der Regeln:
Wenn Zustand Z1 und ermittelte Zufallszahl < 0.8, dann wieder Zustand Z1,
wenn Zustand Z1 und ermittelte Zufallszahl > 0.8, dann Wechsel zu Zustand Z2,
wenn Zustand Z2 und ermittelte Zufallszahl < 0.95, dann wieder Zustand Z2,
wenn Zustand Z2 und ermittelte Zufallszahl > 0.95, dann Wechsel zu Zustand Z1.

Simulationen können mit Taschenrechnern durchgeführt werden, da diese häufig eine Taste für Zufallszahlen enthalten. Für passende Übergangswahrscheinlichkeiten (z.B. 1/3; 2/3) kann man auch den Würfel benutzen. Bei der Simulation entstehen Zustandsfolgen, wie z.B. 1 1 1 2 1 2 2 2 1 1 1 1 1 2 2 2 1. - Einfacher geht es mit dem Computer. Eine Simulation mit n=5000 Versuchen bei den obigen Werten ergab:

Anzahl der Übergänge zwischen den Zuständen: Programm MARKOW

	1	2
Zustand 1:	860.0	191.0
Zustand 2:	191.0	3758.0

Der Anfangszustand war Zustand 1.

Zustand	absolute -	relative Häufigkeit	Die Übergangsmatrix hieß	
1	1051	0.2102	0.8000	0.2000
2	3949	0.7898	0.0500	0.9500

Auswertung: Langfristig gesehen erwerben also 21% der Käufer Zeitschrift A und 79% Zeitschrift B.

In einem Struktogramm lässt sich der Algorithmus zur Simulation wie folgt darstellen:

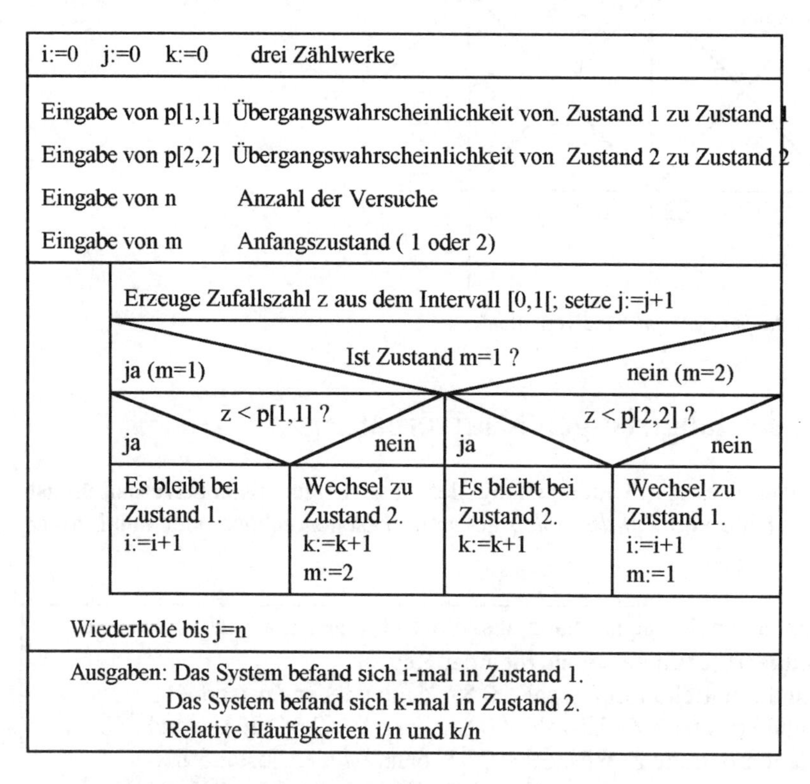

Abb. 2.3.1. : Struktogramm zur Simulation des Systems

Der eben beschriebene Einstieg führt auf schnelle (nicht triviale) Weise zu den Begriffen „absolute Häufigkeit" und „relative Häufigkeit" - als Näherungswert für die Wahrscheinlichkeit.

2.4 Untersuchung des langfristigen Kaufverhaltens - Folgen - Funktionsgraphen

Die Betrachtungen aus 2.2 bzw. 2.3 können fortgesetzt werden, indem man das langfristige Verhalten des Systems „hochrechnet". Dieser Ansatz führt auf *rekursiv definierte Folgen*, für die man ggf. auch eine explizite Form finden kann.
Wir gehen dazu aus von dem oben betrachteten reduzierten Baumdiagramm und ergänzen es durch die Wochen (n-1) und n, siehe Abbildung 2.4.1. Dabei ist x_n der Prozentsatz der Käufer von Zeitschrift A, y_n der Prozentsatz der Käufer von B.

Offenbar gilt: $x_n = 0.80x_{n-1} + 0.05y_n = 0.8x_n + 0.05(1-x_n)$, also $x_n = 0.75x_n + 0.05$ mit dem Anfangswert $x_0 = 0.4$.

Allgemein sieht man entsprechend:

Rekursionsformel zur Berechnung der Verteilungen (x_n,y_n) zur Untersuchung des langfristigen Systemverhaltens bei gegebener stochastischer Übergangsmatrix S:

$S = \begin{pmatrix} p_{11} & p_{12} \\ p_{21} & p_{22} \end{pmatrix}$ $\quad x_n = (p_{11} - p_{21})\, x_{n-1} + p_{21}$ mit dem Anfangswert x_0 ;

$y_n = 1 - x_n$

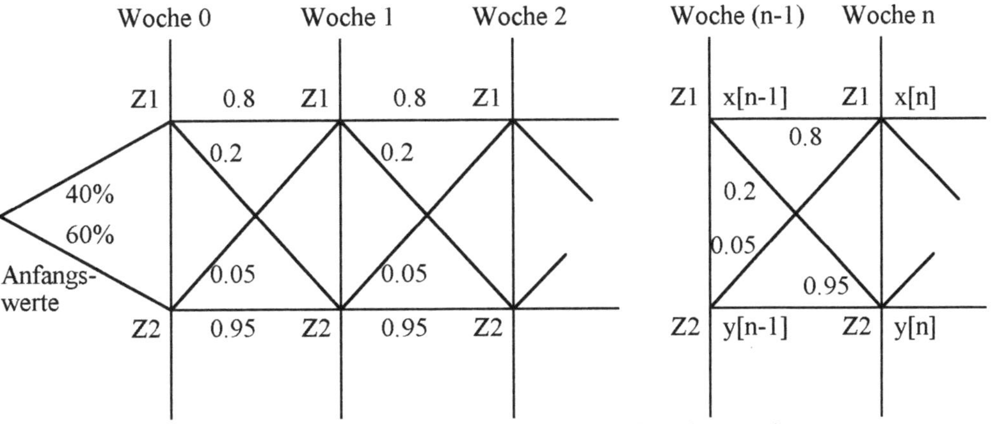

Der Anfangsvektor mit den Anfangswerten ist hier (x[0], y[0]) = (0.4, 0.6)

Abbildung 2.4.1: Reduziertes Baumdiagramm für das langfristige Kaufverhalten
Hinweis: In der Abbildung wird x[n] für x_n geschrieben.

Man kann nun die Werte schrittweise aufsteigend berechnen und in ein (n,x_n)-Koordinatensystem von Hand eintragen. Bequemer und leicht erweiterbar geht es mit einem Funktionenplotter (hier wurde PLOT10 verwendet).

```
f1: {n=0 : u : 0.75*f1(n-1)+0.05};    Startwert =0.4
Wenn n=0, dann f1 = u = 0.4, sonst f1 = 0.75*f1(n-1)+0.05
```

n	u	fl	n	u	fl
0.0000	0.4000	0.4000	11.0000	0.4000	0.2084
1.0000	0.4000	0.3500	12.0000	0.4000	0.2063
2.0000	0.4000	0.3125	13.0000	0.4000	0.2048
3.0000	0.4000	0.2844	14.0000	0.4000	0.2036
4.0000	0.4000	0.2633	15.0000	0.4000	0.2027
5.0000	0.4000	0.2475	16.0000	0.4000	0.2020
6.0000	0.4000	0.2356	17.0000	0.4000	0.2015
7.0000	0.4000	0.2267	18.0000	0.4000	0.2011
8.0000	0.4000	0.2200	19.0000	0.4000	0.2008
9.0000	0.4000	0.2150	20.0000	0.4000	0.2006
10.0000	0.4000	0.2113			

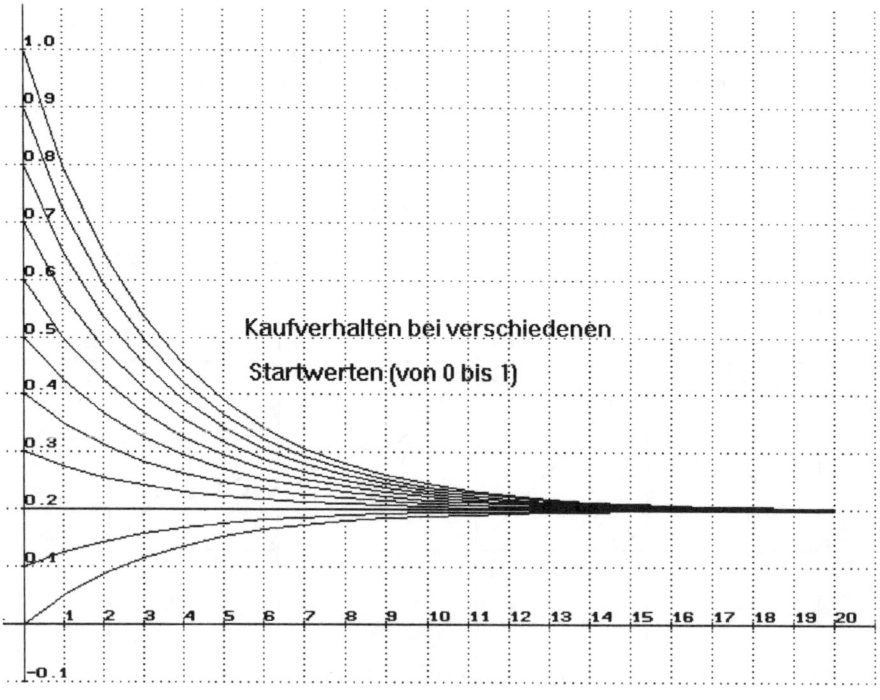

Kaufverhalten bei verschiedenen
Startwerten (von 0 bis 1)

Abb. 2.4.2 : Langfristige Systementwicklung für verschiedene Anfangswerte

Bemerkenswerterweise scheinen sich die Folgenwerte unabhängig vom Anfangswert u auf den gleichen Grenzwert hinzubewegen. Wie heißt der Grenzwert? Die Wertetafel suggeriert den Wert g=0.2.

Die die langfristige Entwicklung beschreibende Folge *(*)* $x_n=0.75x_{n-1}+0.05$ *(im folgenden mit dem Anfangswert* $x_0=1$*)* lässt sich grafisch auch noch anders darstellen, indem man ein (x_n,x_{n-1}) - Koordinatensystem wählt und **(*)** als *Geradengleichung der Form* $y=mx+n$ deutet.

Konstruktion: Wir beginnen mit dem Punkt $(x_0,x_1) = (1,0.8)$ auf der Geraden (*). Der zweite Wert 0.8 wird nun zum neuen ersten Wert, so dass man von (1, 0.8) eine horizontale Strecke zur Winkelhalbierenden bis zum Punkt (0.8, 0.8) ziehen kann. Eine Parallele zur vertikalen Achse liefert den nächsten Punkt auf der Geraden (*). So kann fortgefahren werden. Dabei entsteht eine Treppe, die anscheinend auf einen festen Punkt zuläuft (vergleiche auch Abb.2.4.2), offenbar auf (0.2, 0.2). In diesem Fall ist der Punkt auch Schnittpunkt der Geraden mit den Gleichungen $x_n=0.75*x_{n-1}+0.05$ und $x_n=x_{n-1}$. Entsprechend läuft die y_n- Folge auf den Wert 0.8 zu. Damit ergibt sich als vermutlicher „Grenzpunkt" $\lim_{n\to\infty} (x_n,y_n) = (0.2,0.8)$.

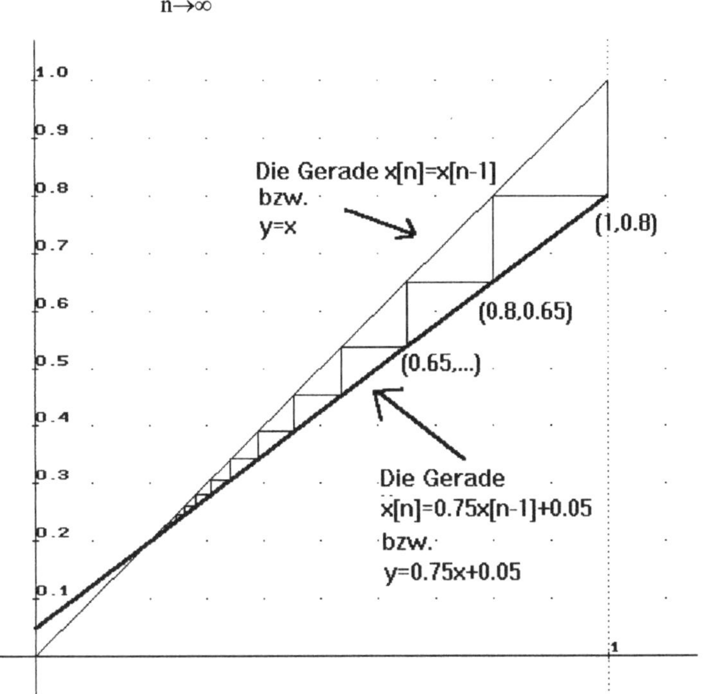

Abb. 2.4.3 : Langfristige Systementwicklung mit dem Anfangswert x[0]=1.

2.5 Stationäre Verteilung - Fixvektor - grafische Veranschaulichung durch Geraden

Berechnung der stationären Verteilung

Diese Problemstellung führt auf lineare Gleichungssysteme und damit auf das Gebiet der Linearen Algebra. - Die Abbildung 2.4.3 lässt erkennen, dass sich langfristig gesehen die Folgenwerte kaum noch ändern.

Was passiert, wenn wir mit dem vermuteten „Grenzpunkt" (0.2,0.8) beginnen?

Wir können nachrechnen: Es galt $x_n = 0.75x_{n-1} + 0.05$. Setzen wir für $x_{n-1} = 0.2$, so ergibt sich tatsächlich $x_n = 0.75*0.2 + 0.05 = 0.15 + 0.05 = 0.2$. Und entsprechend für $y_n = 0.8$.

(0.2 0.8) ist eine *stationäre Verteilung (ein Fixvektor)*. Nehmen wir diese als Anfangsverteilung (x_0,y_0), so ändert sich nichts mehr!
$x_1 = 0.8x_0 + 0.05y_0 = 0.8*0.2 + 0.05*0.8 = 0.2$,
$y_1 = 0.2x_0 + 0.95y_0 = 0.2*0.2 + 0.95*0.8 = 0.8$ (wieder die gleiche Verteilung!).

Umgekehrt können wir mit dem Ansatz $x=x_n=x_{n-1}$ und $y=y_n=y_{n-1}$ stationäre Verteilungen (x y) berechnen:

$x_n = (p_{11} - p_{21})\, x_{n-1} + p_{21}$ mit dem Anfangswert x_0 und $y_n = 1 - x_{n-1}$ bzw.

$x = (p_{11} - p_{21})\, x + p_{21}$ $\quad \Rightarrow x = p_{21} / (1 - p_{11} + p_{21})$
$\quad \Rightarrow x = p_{21} / (p_{12} + p_{21})$
$y = 1-x$ $\quad \Rightarrow y = p_{12} / (p_{12} + p_{21})$

(x y) heißt *stationäre Verteilung (Fixvektor)*, wenn sich die Verteilung in dem nachfolgenden Schritt nicht ändert. Stationäre Verteilungen können, sofern sie existieren, berech-net werden mit den Formeln

$x = p_{21} / (p_{12} + p_{21})$
$y = p_{12} / (p_{12} + p_{21})$

Es gilt dann also

$$(x\ y)\begin{pmatrix} p_{11} & p_{12} \\ p_{21} & p_{22} \end{pmatrix} = (x\ y).$$

Gehen wir mit der stationären Verteilung in die obige Abbildung, so stellen sich die Zusammenhänge folgendermaßen dar:

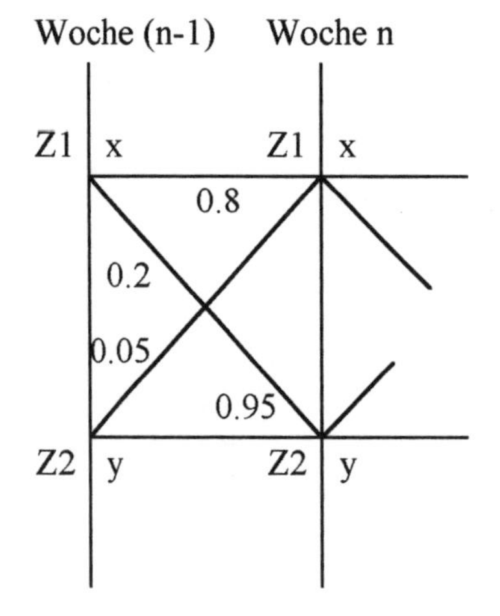

Daraus folgt eine weiterer Ansatz zur Berechnung stationärer Verteilungen mit einem linearen Gleichungssystem:

$x = 0.80x+0.05y \qquad 0.2x - 0.05y = 0$
$y = 0.95y+0.20x \qquad -0.2x + 0.05y = 0$

Die Gleichungen sind äquivalent, haben aber die Zusatzbedingung $x + y = 1$.

Abb. 2.5.1: Stationäre Verteilung

Das Gleichungssystem $0.2x - 0.05y = 0$
$x + \quad y = 1$ hat die Lösung $(x,y) = (0.2, 0.8)$.

Allgemein:	$x = p_{11}x + p_{21}y$ $y = p_{12}x + p_{22}y$ mit $x + y = 1$	**Lineares Gleichungsystem zur Berechnung der stationären Verteilung des Fixvektors.**

Grafische Lösung als Schnitt von Geraden

Für das Beispiel galt $0.2x - 0.05y = 0$, also $y = 4x$
und $x + y = 1$, also $y = 1 - x$

Abbildung 2.5.2 löst das Gleichungssystem grafisch.

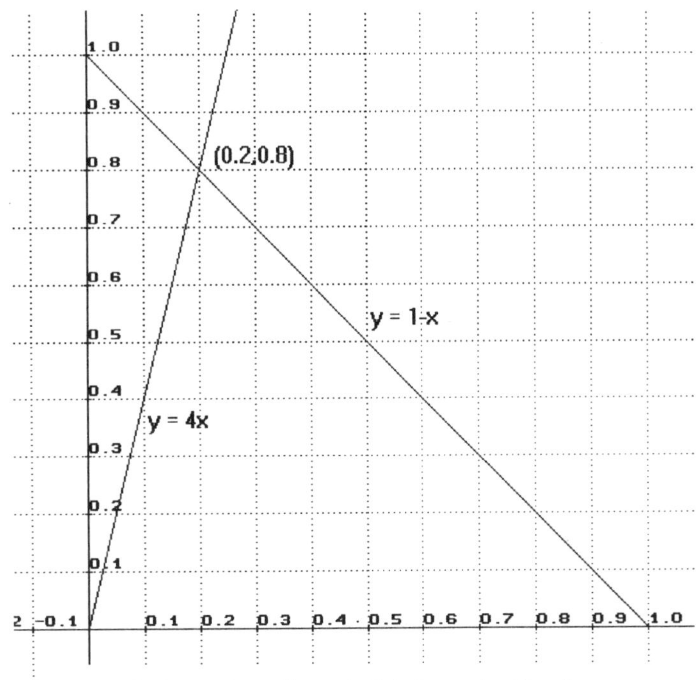

Abb. 2.5.2: Stationäre Verteilung als Schnitt zweier Geraden

2.6 Anwendung von Matrizen, Matrizenmultiplikation - Matrizenpotenz

In diesem Kapitel wird von dem bisher verwendeten Beispiel abgewichen, indem wir zu drei Zuständen (Zeitschriften A,B,C) übergehen. Die Betrachtungen lassen sich leicht auf das oben verwendete Beispiel mit zwei Zuständen übertragen. Die Ausführungen werden hier so aufgebaut, daß sie neben der eigentlichen Lösung gleichzeitig eine *Einführung in den Matrixbegriff und die Matrizenmultiplikation* darstellen.

Problemstellung: Kaufverhalten bei drei Zeitschriften
Abbildung 2.6.1 beschreibt die Situation: Anfangs kaufen also 1000 Personen die Zeitschrift A, 4000 B und 2000 C. In der darauffolgenden Woche 1 entscheiden sich 80% der 1000 Käufer von A wieder für A; A wird aber nun auch gekauft von 20% der vorherigen B-Käufer und 10% der vorherigen C-Käufer.

a) Wieviel Kunden kaufen im Mittel in Woche 1 Zeitschrift A (bzw. B,C) ?
Die Abbildung zeigt, dass man so rechnen kann:
$a_1 = 1000 \cdot 0.8 + 4000 \cdot 0.2 + 2000 \cdot 0.1 = 1800$
$b_1 = 1000 \cdot 0.1 + 4000 \cdot 0.7 + 2000 \cdot 0.5 = 3900$
$c_1 = 1000 \cdot 0.1 + 4000 \cdot 0.1 + 2000 \cdot 0.4 = 1300$

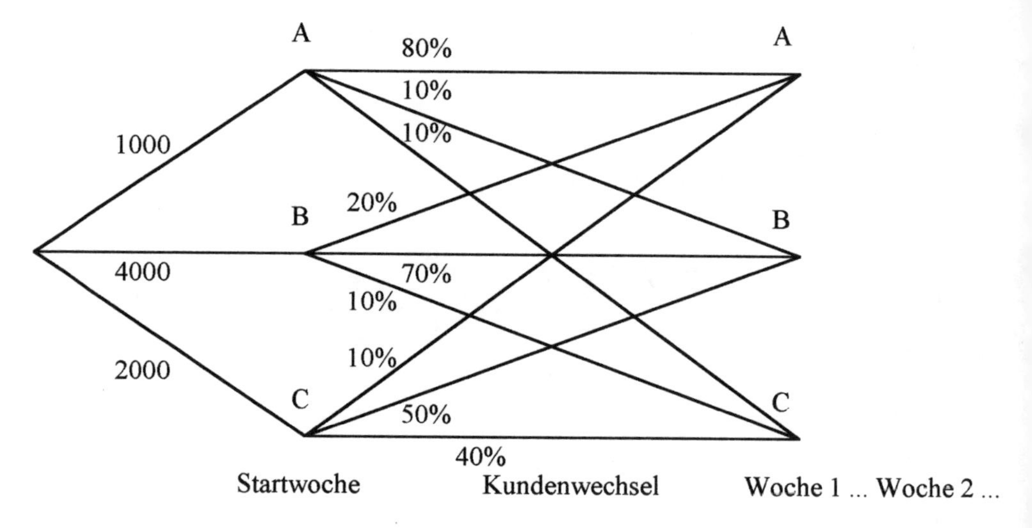

Abb. 2.6.1: Wechsel zwischen den Zeitschriften A,B,C

An dieser Auflistung und dem Vergleich mit der Zeichnung erkennt man, dass die Rechnung recht schematisch abläuft und *eine Formalisierung lohnt*, denn man wird auch an der Verteilung in den nächsten Wochen interessiert sein. Die Rechnung verwendet den *Anfangsvektor* $v_0 = (a_0\ b_0\ c_0) = (1000\ 4000\ 2000)$ und die *Übergangsmatrix* S, die die Übergänge von einem Zustand zum anderen steuert:

	A	B	C	
A	0.8	0.1	0.1	
B	0.2	0.7	0.1	= S.
C	0.1	0.5	0.4	

Gesucht ist der *Verteilungsvektor* $v_1 = (a_1\ b_1\ c_1)$. Die obige Rechnung kann in einem Zahlenschema (sogenanntes *Falk-Schema*) erfolgen:

```
                          | 0.8  0.1  0.1
                          | 0.2  0.7  0.1
                          | 0.1  0.5  0.4
--------------------------+-----------------
1000   4000   2000        |1800 3900 1300
```

Wir haben hier eine (1,3)-Matrix v_0 (eine Zeile, drei Spalten) *multipliziert* mit einer (3,3)-Matrix S und erhalten eine (1,3)-Matrix v_1. Man schreibt $v_1 = v_0 \bullet S$ oder kurz v_0S und spricht von der *Multiplikation der beiden Matrizen* v_0 und S.

b) Wieviel Kunden kaufen im Mittel die einzelnen Zeitschriften in den folgenden Wochen (2,3,4...)?

Bei der Beantwortung dieser Frage üben wir das Rechnen mit der Matrizenmultiplikation, gleichzeitig wird späterer Unterricht vorstrukturiert, denn das "Hochrechnen" führt zu interessanten Ergebnissen.

c) Erläutern Sie die folgenden Beziehungen:

$v_1 = v_0 \bullet S$, $\quad v_2 = v_1 \bullet S$, $\quad v_3 = v_2 \bullet S$, ...
$v_2 = v_0 \bullet S^2$, $\quad v_3 = v_0 \bullet S^3$,......... $\quad v_n = v_0 \bullet S^n$.

Man kann offenbar die Entwicklung „hochrechnen", indem man die *Matrizenpotenzen* bildet. Das Modell setzt dabei voraus, dass von Woche zu Woche die gleiche Übergangsmatrix gilt. Diese Matrix S ist eine *stochastische Matrix* (Zeilensumme 1, alle Elemente liegen im Intervall [0,1]).

Wie oben könnten auch hier, integriert in den Anwendungsfall, grundlegende Definitionen und Gesetzmäßigkeiten erarbeitet werden. An anderer Stelle [Lehmann,E.: Der Mathematikunterricht, Heft 5/1986)] wurde zudem gezeigt, dass Fragestellungen wie die vorliegende, schnell zu weiterführenden Problemen der Linearen Algebra, aber auch zu Problemen mit gebietsübergreifenden Aspekten führen.

Schon das Ansehen und Interpretieren der Werte von $v_1, v_2, v_3, \ldots$ bzw. $S, S^2, S^3, S^4, \ldots$ bringt uns weiter:

$$S = \begin{matrix} 0.8000 & 0.1000 & 0.1000 \\ 0.2000 & 0.7000 & 0.1000 \\ 0.1000 & 0.5000 & 0.4000 \end{matrix} \qquad S^6 = \begin{matrix} 0.4915 & 0.3658 & 0.1428 \\ 0.4448 & 0.4124 & 0.1428 \\ 0.4295 & 0.4270 & 0.1435 \end{matrix}$$

$$S^{11} = \begin{matrix} 0.4664 & 0.3907 & 0.1429 \\ 0.4628 & 0.3944 & 0.1429 \\ 0.4616 & 0.3956 & 0.1429 \end{matrix} \qquad S^{21} = \begin{matrix} 0.4643 & 0.3928 & 0.1429 \\ 0.4643 & 0.3929 & 0.1429 \\ 0.4643 & 0.3929 & 0.1429 \end{matrix}$$

Aufgaben

Das langfristige Verhalten des Systems wird wichtig! - Die Tendenz ist klar! - Wie heißen die Grenzwerte? - Wie heißt die Grenzmatrix $G = \lim S^n$ für $n \to \infty$? - Zeigen Sie, dass $G*S=G$. - Wir kennen G noch nicht. Kann man G über die Beziehung $G*S=G$

errechnen (lineares Gleichungssystem)? - Ein weites Feld von Aufgabenstellungen und andersartigen Bearbeitungsmöglichkeiten erschließt sich! Diese Andeutungen müssen hier ausreichen, man beachte die oben genannte Zeitschrift.

2.7 Grenzwert für das Kaufverhalten

Wir haben oben erkannt (siehe S21), dass das langfristige Verhalten der zu den Übergangsmatrizen gehörenden Systeme unabhängig von der Anfangsverteilung zu sein scheint. Allerdings ist die Konvergenz unterschiedlich stark. Die Grenzwerte müßten nun exakt hergeleitet werden, etwa so:

Man geht von der *Rekursionsformel* $x_n=0.75x_{n-1}+0.05$ über zu einer *expliziten Formel*, in der x_n dargestellt wird in Abhängigkeit vom Anfangswert x_0:

$x_1 = 0.75x_0+0.05$
$x_2 = 0.75x_1+0.05 = 0.75(0.75x_0+0.05)+0.05 = 0.75^2x_0+0.75*0.05+0.05$
$x_3 = 0.75x_4+0.05 = 0.75(0.75x_1+0.05)+0.05 = 0.75^3x_0+0.75^2*0.05+0.75*0.05+0.05$

$x_n = 0.75x_{n-1}+0.05 = 0.75^nx_0+(0.75^{n-1}+0.75^{n-2}+...+0.75^0)*0.05$, also

Explizite Formel für die n-te Verteilung $(x_n,y_n) = (x_n ,1-x_n)$:
$x_n = 0.75^nx_0 + 0.05*(1 - 0.75^n) / (1 - 0.75)$

Daraus ergibt sich wie erwartet $\lim_{n\to\infty} x_n = x_\infty = 0.05 / 0.25 = 0.2$.

Damit wird die *Grenzverteilung* $(x_\infty,y_\infty) = (0.2\ 0.8)$. Gleichzeitig macht der Term für x_n deutlich, dass x_∞ unabhängig vom Anfangswert x_0 ist. - Übrigens gilt (in Matrizenschreibweise):

$(0.2\ \ 0.8) * \begin{pmatrix} 0.80 & 0.20 \\ 0.05 & 0.95 \end{pmatrix} = (0.2\ \ 0.8)$, d.h. $(0.2\ \ 0.8)$ ist hier auch *Fixvektor.*

Die Bestimmung der Grenzmatrix, siehe Kapitel 2.6, erfolgt hier nicht. Wir verweisen auf die dort genannte Literatur.

2.8 Ausblick - eine Warteschlange - stationäre Verteilung

Das folgende Beispiel zeigt auf, dass das in dem Buch mehrfach angeschnittene Gebiet der Markow-Ketten zahlreiche Anwendungsmöglichkeiten findet. Zur Demonstration wurde hier eine Aufgabe aus dem Bereich „Warteschlangen" gewählt. Die Bearbeitung kann in einem Leistungskurs erfolgen.

Problemstellung
An einem Fahrkartenschalter treffen Reisende ein, in einem Zeitintervall höchstens einer. Sie stellen sich an das Ende der Schlange der wartenden Personen. Ihre Bedienung erfolgt frühestens in der auf ihrer Ankunft folgenden Periode. Die maximale Schlangenlänge sei 5. Wird diese Zahl überschritten, so werden die Kunden an einen anderen Schalter verwiesen. Ein neuer Kunde kommt im Zeitintervall mit der Wahrscheinlichkeit v=0.2 an, mit der Wahrscheinlichkeit p=0.6 endet die Bedienung eines Kunden in dem aktuellen Zeitintervall. - Man untersuche das langfristige Verhalten des Warteschlangensystems und insbesondere, ob sich eine stationäre Verteilung einstellt.

Lösung
Man kann das System in einem Übergangsgraphen darstellen. Die Begründun-gen für die Werte entnehme man der Tabelle. Die Wahrscheinlichkeiten multiplizieren sich, z.B. 0.44=0.2*0.6+0.8*0.4.

```
 ┌-- 0.2->--┐┌ 0.2*0.4->┐┌ 0.2*0.4->┐┌ 0.2*0.4->┐┌ 0.2*0.4->┐
┌┴-┐       ┌┴┴┐       ┌┴┴┐       ┌┴┴┐       ┌┴┴┐       ┌┴-┐
|Z0|<-------┤Z1├<-------┤Z2├<-------┤Z3├<-------┤Z4├<-------┤Z5|
└--┘0.8*0.6 └--┘0.8*0.6 └--┘0.8*0.6 └--┘0.8*0.6 └--┘  0.6   └--┘
0.8        0.44        0.44        0.44        0.44        0.4
```
Abb.2.8.1: Übergangsgraph Warteschlange

	Schlangenlänge		neuer Kunde		Bedienung eines Kunden	
	war	ist	kam	(nicht)	beendet	nicht beendet
Z0 -> Z0	0	0		0.8	1	
Z0 -> Z1	0	1	0.2		1	
Z0 -> Z2	nicht möglich!					
Z1 -> Z0	1	0		0.8	0.6	
Z1 -> Z1	1	1	0.2		0.6	
Z1 -> Z1	1	1		0.8		0.4
Z1 -> Z2	1	2	0.2			0.4
Z2 -> Z1	2	1		0.8	0.6	
Z2 -> Z2	2	2	0.2		0.6	
Z2 -> Z2	2	2		0.8		0.4
Z2 -> Z3	2	3	0.2			0.4
Z3 -> Z2	3	2		0.8	0.6	

usw.

Fortsetzung	Schlangenlänge war	ist	neuer Kunde kam	(nicht)	Bedienung eines Kunden beendet	nicht beendet
Z4 -> Z3	4	3		0.8	0.6	
Z4 -> Z4 }	4	4	0.2		0.6	
Z4 -> Z4 }	4	4		0.8		0.4
Z4 -> Z5	4	5	0.2			0.4
Z5 -> Z4	5	4		1	0.6	
Z5 -> Z5	5	5		1		0.4

} hier gibt es zwei Möglichkeiten

Tabelle 2.8.1: Überlegungen zur Feststellung der Übergangswahrscheinlichkeiten

Wie bei vielen Anwendungen entsteht auch hier eine sehr spezielle Übergangsmatrix S, die man als *Bandmatrix* bezeichnen kann:

	Z0	Z1	Z2	Z3	Z4	Z5
Z0	0.8	0.2	0	0	0	0
Z1	0.48	0.44	0.08	0	0	0
Z2	0	0.48	0.44	0.08	0	0
Z3	0	0	0.48	0.44	0.08	0
Z4	0	0	0	0.48	0.44	0.08
Z5	0	0	0	0	0.6	0.4

= S.

Für die stationäre Verteilung v müssen wir ansetzen (siehe oben):
v=vS => vE=vS => v(S-E)=0, wobei E eine Einheitsmatrix von gleichem Typ wie S (also (6,6)) ist. Schreibt man v(S-E)=0 ausführlich, so erkennt man, dass es sich um ein homogenes LGS mit nur der Nulllösung oder unendlich vielen Lösungen handelt. Die besondere Übergangsmatrix zieht ein besonders strukturiertes LGS nach sich, das in Matrixform geschrieben lautet:

v_0	v_1	v_2	v_3	v_4	v_5	rS
-0.20	0.48	0	0	0	0	0
0.20	-0.56	0.48	0	0	0	0
0	0.08	-0.56	0.48	0	0	0
0	0	0.08	-0.56	0.48	0	0
0	0	0	0.08	-0.56	0.60	0
0	0	0	0	0.08	-0.60	0
1	1	1	1	1	1	1

Die v_i sind die Gleichungsvariablen, rS ist die rechte Seite des LGS.

Die letzte Gleichung ist eine Nebenbedingung, denn die einzelnen Prozentsätze müssen sich zu 1 addieren. Mit dieser Nebenbedingung existiert eine eindeutige Lösung; als stationäre Verteilung erhalten wir (0.6667 0.2778 0.0463 0.0077 0.0013 0.0002).

Langfristig gesehen ist also die Wahrscheinlichkeit für die Schlangenlänge 0 etwa 0.67, für die Schlangenlänge 5 dagegen nur 0.02.

2.9 Hinweise zum Computereinsatz

Der Computer kann im Rahmen dieser Unterrichtseinheit (und damit in ähnlicher Weise auch bei allen Aufgabenstellungen in Zusammenhang mit Markow-Ketten) in vielfältiger Weise nützlich sein.

A) Für die Durchführung der Simulation des Kaufverhaltens (Algorithmus, Veranschaulichung)

B) Für die graphische Darstellung des Kaufverhaltens als
- Folgen-Graph im (n, x_n) - Koordinatensystem
- Folgen-Graph im (x_{n-1}, x_n) - Koordinatensystem
- Treppe im (x_{n-1}, x_n) - Koordinatensystem
- Geraden im (x_{n-1}, x_n) - Koordinatensystem

C) Für die rechnerische Bearbeitung des Kaufverhaltens
- Hochrechnen von Folgengliedern
- Hochrechnen von Matrizenpotenzen
- Lösen des LGS zur Bestimmung stationärer Verteilungen

D) Für das Experimentieren mit den grafischen Darstellungen und Rechnungen
- Wahl unterschiedlicher Übergangswahrscheinlichkeiten
- Wahl unterschiedlicher Anfangswerte

E) Für die Darstellung der Übergangsmatrix als Übergangsgraph
(in diesem Buch nicht weiter beachtet)

Ausgewählte Unterrichtssoftware
- Softwaresystem MARKOW — bearbeitet Markow-Ketten
- Funktionenplotter HL-PLOT10 — plottet Funktionen/Relationen

Bezug beim Autor, siehe Anhang über Disketten am Ende des Buches

- Computer-Algebra-System DERIVE (Soft-Warehouse GmbH Europe, Schloß Hagenberg, Österreich), überall im Fachhandel erhältlich.

Kurzbeschreibung des Softwaresystems MARKOW
Das System wurde speziell für das Gebiet der (endlichen homogenen) Markow-Ketten und zum Einsatz in der Schule unter didaktisch-methodischen Gesichtspunkten erstellt. Es unterscheidet zwischen Ketten mit 2 Zuständen (wie beim Beispiel Kaufverhalten) - hier werden grafische Darstellungen relevant - und Ketten mit mehr als 2 Zuständen. Aus

dem Hauptmenü heraus können u.a. die beiden Masken aufgerufen werden, die Markow-Ketten bearbeiten. Mit diesen Optionen erschließt sich eine Fülle von Anwendungsaufgaben und es ergeben sich viele Möglichkeiten experimentellen Forschens. Besonders hingewiesen wird auch auf die didaktisch-methodischen Hinweise (Option E).

Das Hauptmenü:

```
  M A R K O W - K E T T E N   (c) E.Lehmann, Berlin

  A  Markow-Ketten mit 2 Zuständen...........................
  B  Markow-Ketten mit 2 und mehr Zuständen..................
  C  Informationen über Markow-Ketten........................
  D  Aufgaben................................................
  E  Didaktisch-methodische Hinweise für den Dozenten...
  F  Hilfe - Hinweise zum Programmsystem.....................
  G  Programmende............................................
---------------------------------------------------------------
 Auswahl der Optionen durch Cursortasten AUF / AB
```

Es wird zwischen Markow-Ketten mit 2 bzw. mehr Zuständen unterschieden, da bei n=2 mehr Bearbeitungsmethoden zur Verfügung stehen, insbesondere auch grafische (farbige) Darstellungen. Dabei wird vor allem auch auf Matrixpotenz-Säulen hingewiesen. Diese geben mit ihrer jeweiligen Höhe den Stand der jeweiligen Verteilung an. Außerdem lassen sich für n=2 stets auch exakte Lösungen angeben. Für höhere n-Werte sind Simulation und Matrizenpotenzen die am leichtesten zugänglichen Hilfsmittel.

Für Markow-Ketten mit 2 Zuständen benutzt man die Maske:

```
                 Markow-Ketten mit 2 Zuständen

     1 Eingabe der Übergangsmatrix      13 Hinweise zu Optionen
     2 Simulation der Kette
     3 Verteilungen hochrechnen         14 Info, Film
     4 Potenzen der Übergangsmatrix     15 Aufgaben
     5 Stationäre Verteilung
     6 Formel für n-te Verteilung       16 Text schreiben/lesen
     7 Formel für n-te Potenz           17 ASCII-Datei lesen
     8 Eigenwerte der Übergangsmatrix
     9 Ausgabeformat ändern
    10 Grafik: Folge der Verteilungen
    11 Grafik: Im Einheitsquadrat
    12 Grafik: Matrixpotenzen-Säulen    18 Zurück zum Hauptmenü
---------------------------------------------------------------
 Auswahl der Optionen durch Cursortasten AUF / AB
```

Für Markow-Ketten mit n≥ 2 Zuständen benutzt man die Maske:

```
                    M A R K O W - K E T T E N
=====================================================================
BEREITSTELLEN VON MATRIZEN                  RECHNEN MIT STOCHASTI-
                                              SCHEN MATRIZEN
---------------------------------------------------------------------
 1 Matrix eingeben / laden              8  Transponieren
 2 Matrix ändern                        9  A*B Produkt
 3 Ausgabeformat ändern                 10 A=B Gleichheit
 4 Matrix löschen                       11 Potenz
 5 Stochastische Matrix erzeugen        12 Potenzen/Verteilung
 6 Kurzdokumentation lesen              13 Eigenwerte für
                                               (2,2),(3,3)-Matrix
 7 Aufgaben/Notizen lesen/schreiben     14 Eigenwerte,
                                                charakter. Gleichg.
=====================================================================
MARKOW-KETTEN,NICHT-ABSORBIEREND     ABSORBIEREND
17 Art der Kette feststellen         21 Ordnen
18 Simulation                        22 Simulation
19 Stationäre Verteilung             23 Stationäre Verteilung
                                     24 Grenzmatrix,Mittel
                                         25 Zum Hauptmenü 26 Ende
---------------------------------------------------------------------
Auswahl der Optionen durch Cursortasten AUF / AB
```

Kurzbeschreibung des Funktionenplotters HL-PLOT10

Die in Kapitel 2 vorgelegten grafischen Darstellungen können teilweise auch mit dem oben beschriebenen Programm MARKOW erstellt werden, hier wurde der Funktionenplotter PLOT10 benutzt.

F1-Maske zum Eintragen von Funktionen / Relationen

```
f 1: ...............................................................
f 2: ...............................................................
f 3: ........In diesen Bereich koennen·Funktionen / Relationen.......
f 4: ...............................................................
f 5: ........in verschiedenen Darstellungen eingetragen werden,.......
f 6: ...............................................................
f 7: ........insbesondere auch rekursiv definierte Folgen.............
f 8: ...............................................................
f 9: ...............................................................
f10: ...............................................................

KURZ-ANLEITUNG: In den Funktionstermen f1..f10 können verwendet werden:
Konstanten: pi e               Funktionen:  sin cos tan atan sqr sqrt ln
Variablen:  x t u a b                       exp abs int frac random
Operatoren: + - * / ^ < = > | &             f1..f10  (Verkettung)
Strecken zeichnen   (x1,y1,x2,y2=beliebige Terme): x1,y1,x2,y2
Senkrechte zeichnen (x1,x2,... konstant!):         senkr x1,x2,...
Fallunterscheidung: {Bedingung:Term,wenn wahr:Term,wenn falsch}
   nicht definiert: undef                                     »F1-MASKE«

F1:Fkt.eingeben  F2:Bereiche  F3:Wertetafel  F4:Zeichnen  F5:Laden  F6:Speichern
Shift+F1:Hilfe   F7-F9:Markieren/Kopieren    PgDn:Hilfe/Editor      Shift+F10:ENDE
```

PLOT10 wurde ebenfalls speziell für den Schulgebrauch entworfen und bietet viele Möglichkeiten für experimentelles Arbeiten mit Funktionen und Relationen. Hierfür existieren zahlreiche Veröffentlichungen des Autors in Fachzeitschriften. Die gesamten Eingaben laufen über die beiden abgebildeten Masken (F1-Maske, F2-Maske).

F2-Maske zur Wahl von Optionen für die Art der Darstellung

```
Bereiche der Laufvariablen:
     ---Von----  ---Bis----  -Anz-  -Schrittw-
x,t ..........  ..........  .....  ..........
  u ..........  ..........  .....  ..........

Bearbeiten von: f1 · f2 · f3 · f4 · f5 · f6 · f7 · f8 · f9 · f10 ·

          Auto ---Von--- ---Bis--- -Teilung-  Abbildung
X-Achse    j         0        0          1 X»..............................
Y-Achse    j         0        0          1 Y»..............................

Punkte verbinden:  j (j/n)          Simultan zeichnen:  n (j/n)
Fahrstrahl r:      n (j/n)          Achsen beschriften: n (j/n)
Geschwindigkeit:   0 (0=maximal,999=minimal)
Wertetafel: Ges/Nk-Stellen 10/ 4  Medium: CON............ (CON,PRN,Dateiname

Druck: Größe    18*13.5 cm, Linker Rand 1.5 cm
(Start des Ausdrucks in der Graphik mit Strg+F9)                  »F2-MASKE

F1:Fkt.eingeben F2:Bereiche F3:Wertetafel F4:Zeichnen F5:Laden F6:Speichern
Shift+F1:Hilfe  PgDn:Nächste Gruppe       <┘:Nächste Option    Shift+F10:ENDE
```

2.10 Aufgaben (2 Zustände)

Vorbemerkung: Aufgaben über Markow-Ketten können sich auf viele Anwendungsgebiete beziehen. Dabei treten immer wieder ähnliche Fragestellungen auf. Einige davon werden nun zunächst ohne konkrete Anwendung zusammengestellt. Dann folgen Beispiele mit Konkretisierungen.

a) Baumdiagramm bis zu einer gewissen Stufe zeichnen
b) Reduzierten Baum zeichnen
c) Wie ist die Situation nach 1,2,3,4.. Schritten bei einem bestimmten Anfang?
d) Zeige, dass als Rekursionsformel gilt...
e) Wie groß ist die Wahrscheinlichkeit der Kette AABABBB?
f) Wie groß ist die Wahrscheinlichkeit, mindestens einmal ...
g) Stelle den Stabilisierungsvorgang im Koordinatensystem dar.
h) Lies den vermeintlichen Fixpunkt aus der Zeichnung ab, bestätige durch Rechnung.
i) Bestimme v_n in Abhängigkeit von n.
j) Simuliere das langfristige Verhalten des Systems.
l) Wie war es eine Stufe vorher?
m) Gegeben sind zwei aufeinanderfolgende Verteilungen einer Markow-Kette. Kann man daraus die Übergangsmatrix rekonstruieren?
n) Leite eine Formel für die Übergänge von Stufe (n-2) zu Stufe n her!
o) Die Übergangsmatrix sei S= ... Bestimme S^4, bestimme S^n.

Aufgabe 2.1:
Bei der Übertragung von Punkten und Strichen durch Morsestationen bestehe auf jeder Station die Wahrscheinlichkeit 0.005 dafür, dass das Zeichen geändert wird. Der Prozess beginne im Zustand „Strich“, d.h. $s_0=1$.
a) Begründen Sie, dass die zugehörige Übergangsmatrix A folgende Form besitzt:
$$\begin{pmatrix} 0.995 & 0.005 \\ 0.005 & 0.995 \end{pmatrix}$$
b) Zeichnen Sie ein reduziertes Baumdiagramm für die Übermittlung von 4 Zeichen. Das erste Zeichen sei ein „Strich“ (-)). Der Startvektor ist also $v_0=(1\ 0)$ in der Reihenfolge (Strich,Punkt).
c) Mit welcher Wahrscheinlichkeit ergibt sich die Kette K ={ - - . .}?
d) Wie groß ist die Wahrscheinlichkeit, dass als viertes Zeichen ein Punkt empfangen wird?
e) Zeigen Sie, dass als Rekursionsformel für die Wahrscheinlichkeit, Striche zu empfangen, gilt: $s_n = 0.99 * s_{n-1} + 0.005$
f) Bekanntlich kann man den Fixpunkt geometrisch als Schnittpunkt zweier Geraden gewinnen. - Berechnen Sie den Punkt, auf den sich die s_n-Folge stabilisiert. Deuten Sie das Ergebnis.
g) Zeigen Sie, dass die explizite Formel gilt: $s_n = 0.99^n + 0.5*(1-0.99^n)$.

Aufgabe 2.2:
Gegeben ist die Markow-Kette mit den Übergangswahrscheinlichkeiten $p_{11}= 0.96$, $p_{12}=0.04$, $p_{21}=0.01$, $p_{22}=0.99$. Die Übergangsmatrix heiße S.
a) Beweisen Sie für alle n aus N:
$$S^n = 0.2 * \begin{pmatrix} 1+4*0.95\wedge n & 4-4*0.95\wedge n \\ 1-0.95\wedge n & 4+0.95\wedge n \end{pmatrix}$$
b) Berechnen Sie lim S^n für $n \rightarrow \infty$.
c) Zeigen Sie, dass die *Grenzverteilung* $g= (x_\infty, y_\infty)$ unabhängig von der Anfangsverteilung ist, siehe Kapitel 2.7.

Aufgabe 2.3:
Eine Maschine in einem Betrieb wird von Zeit zu Zeit eingeschaltet. In einem beliebigen Zeitpunkt gibt es also die Zustände E0 (Maschine arbeitet nicht) und E1 (Maschine arbeitet). Die Übergangswahrscheinlichkeiten entnehme man dem Übergangsgraphen.

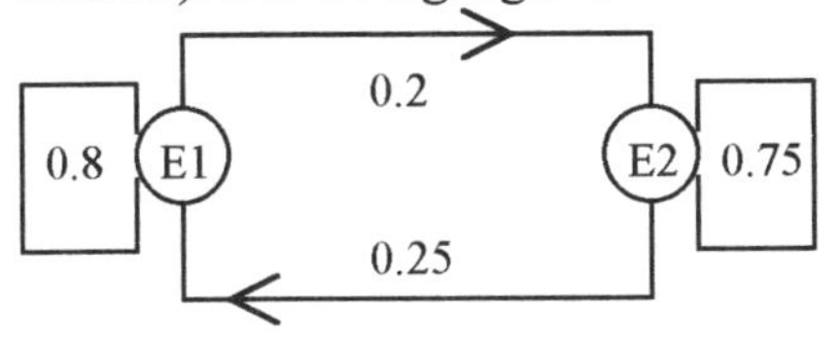

a) Die Maschine möge zu Beginn laufen, d.h. $x_0=1$. Jeweils am Ende einer festen Zeitperiode wird der Zustand beobachtet. Mit welcher Wahrscheinlichkeit läuft die Maschine dann nach der vierten Beobachtung? Zeichnen Sie dazu einen reduzierten Baum und berechnen Sie den gewünschten Wert schrittweise.

b) Zeigen Sie, dass sich die Wahrscheinlichkeit für das Arbeiten der Maschine bei der n-ten Beobachtung (diese finden in gleichen Zeitabständen statt) berechnet mit:
$x_n = 0.55^n * x_0 + 0.25 * \{ (1-0.55^n / (1-0.55) \}$. Beachten sie dazu den folgenden Ausschnitt aus dem reduzierten Baum (dort ist x_i=x[i]).

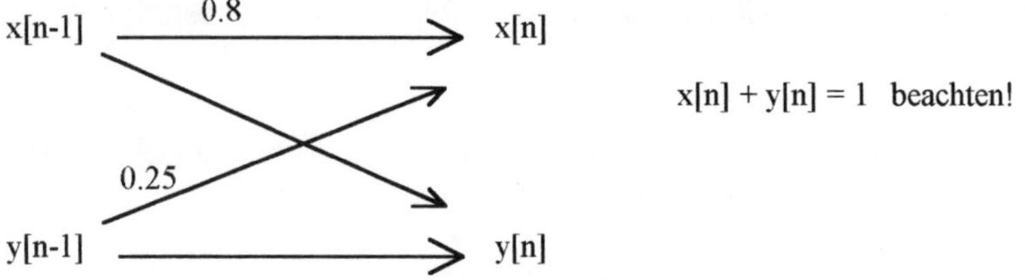

c) Berechnen Sie aus b) die Grenzverteilung (lim x_n , lim y_n) für n → ∞.
d) Bestimmen Sie die stationäre Verteilung mit Hilfe eines Gleichungssystems.

Beispiel: Konvergenzverhalten bei Markow-Ketten (Anwendung von PLOT 10)
Gegeben sind die Matrizen A, B und C mit
$A = \begin{pmatrix} 0.5 & 0.5 \\ 0.2 & 0.8 \end{pmatrix}$, $B = \begin{pmatrix} 0.1 & 0.9 \\ 0.8 & 0.2 \end{pmatrix}$, $C = \begin{pmatrix} 0.9 & 0.1 \\ 0.2 & 0.8 \end{pmatrix}$ sowie die Anfangswerte 0, 0.25, 0.5, 0.75, 1. Zu den Matrizen A, B und C wurden jeweils die Rekursionsformeln aufgestellt, siehe Kapitel 2.4.

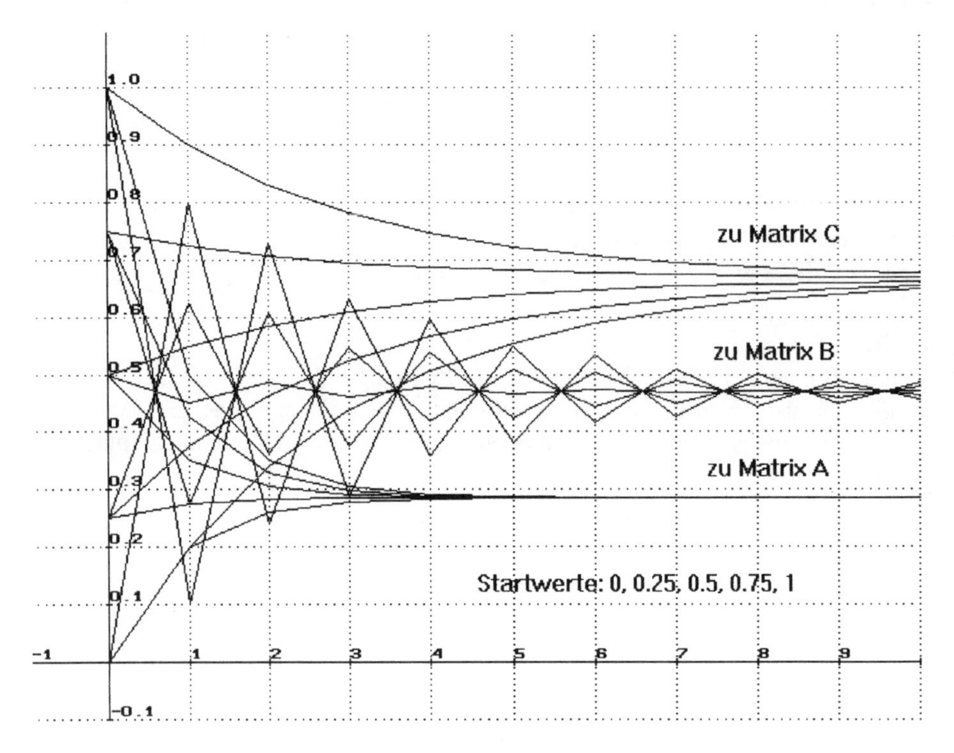

Abb. 2.10.1: Grafische Darstellung des Konvergenzverhaltens von Markow-Ketten

3. Das Crap-Spiel

3.0 Problemstellung - Grundbegriffe - Vorbemerkungen für den Lehrer

Benötigte Grundbegriffe

Begriffe aus der Stochastik und dem Umfeld der Anwendung, die im Verlauf der Anwendung CRAP-SPIEL eingeführt werden sollten (bei Einführung in engerem Sinn) bzw. benutzt werden (falls schon bekannt).

Modellbildung, Konstruktion eines Modells, Simulation, Statistik, Zufallsexperiment, absolute Häufigkeit, relative Häufigkeit, Ergebnisse eines Versuchs, Ergebnisraum (Stichprobenraum) Ω, Zufallsgröße, Wahrscheinlichkeit, Wahrscheinlichkeitsverteilung, Übergangsgraph, Zustand, Übergangswahrscheinlichkeit, Additionsregel, Multiplikationsregel, Grenzwahrscheinlichkeit,

und weiterführend *Übergangsmatrix, Matrizenmultiplikation, Matrizenpotenz*

Das Problem

Bei Spielen sind die Spieler i.a. an der Frage interessiert, ob das Spiel fair ist. Man kann ein (Zweipersonen-) Spiel als fair bezeichnen, wenn die Gewinnchancen für Spieler und Gegenspieler 50:50 sind.

Diese Problematik soll an einem beliebten Würfelspiel untersucht werden, das zwar leicht verständlich ist und sich deshalb ohne große Vorbereitung spielen lässt, bei dem man aber nicht von vornherein durchschauen kann, ob es nun fair ist oder nicht.

Spielregeln des Crap-Spiels

CRAP ist ein Würfelspiel. Man kann es alleine oder zu zwei oder noch mehr Personen spielen.

1) 2 Würfel werden geworfen (oder auch ein Würfel 2 mal) und die Augensumme gebildet.
   a) Wenn man die Augensumme 7 oder 11 wirft, hat man sofort gewonnen.
   b) Wenn man die Augensumme 2 oder 3 oder 12 wirft, hat man sofort verloren.
   c) In allen anderen Fällen geht es weiter.

Falls es weiter geht, dann so:

2) Wir nennen die unter 1) (also im 1.Wurf) geworfene Summe S'.
3) Wir würfeln erneut mit den beiden Würfeln und bilden wieder die Summe. Wir nennen sie S.
   Nun werden verschiedene Fälle unterschieden, die den Fortgang des Spiels regeln.
   a) Wenn man die Summe S=7 hat, hat man verloren.
   b) Wenn man eine Summe S=S' hat (also wie im ersten Wurf) hat man gewonnen.
   c) In allen anderen Fällen geht das Spiel weiter bei 3)
      (Hinweis: S' ist also immer die Summe des ersten Wurfes)

Viel Spaß beim CRAP-Spiel! Es soll in den USA weit verbreitet sein. *Natürlich ist von besonderem Interesse, ob das Spiel fair ist, d.h. ob die Gewinnchancen so groß sind wie die Verlustchancen.*

Spielformen: Das Spiel zu Zweit oder mit mehreren Spielern

(a) Man spielt abwechselnd ein Spiel durch, z.B. insgesamt jeder 10 Mal. Wer gewinnt öfter?

(b) Spieler 1 zählt seine Gewinne als Pluspunkte für sich, Spieler 2 zählt seine Verlustspiele für sich als Pluspunkte. Wer hat nach 20 Spielen mehr Pluspunkte?

(c) Jeder Spieler zahlt vor Beginn eines Spieldurchgangs einen Einsatz (z.B. 1 Pfennig) in einen Topf. Bei Gewinn erhält er den gesamten Topfinhalt, bei Verlust muß er einen Pfennig Strafe in den Topf legen.

(d) Bei Gewinn erhält ein Spieler von allen Mitspielern einen Pfennig, bei Verlust zahlt er an jeden Mitspieler einen Pfennig.

Weitere Spielformen können Sie sich sicher selbst ausdenken!

Vorbemerkungen für den Lehrer

Bei Spielen kann man in der Regel als elementarsten Zugang *das Durchspielen* wählen. Hierbei werden die Schüler erste Vermutungen aufstellen und sicher kommt es zu der Idee, das Spiel oft durchzuführen und dabei Protokoll über die Ergebnisse zu führen. Das ist im Grunde die *Idee der Simulation,* die man von Hand oder per Computer durchführen kann - unter Beachtung der vorgegebenen Spielregeln.

Auch beim Spiel von Hand können leicht viele Daten zur Auswertung gewonnen werden, wenn man Schülergruppen bildet und die Teilergebnisse aufsummiert.

Die *Spielregeln werden als Algorithmus formuliert* vorgegeben - in verbaler Formulierung (mit 1., 2., 3. usw.) oder z.B. auch in Struktogrammform, was bereits eine Vorbereitung auf eine eventuelle Programmierung darstellt.

Sucht man nach exakten Methoden zur Problemlösung, so kommt man auf unendliche geometrische Reihen oder mit anderen Methoden auf die Matrizenrechnung.

Damit ergeben sich interessante Bezüge zur Analysis bzw. zur Linearen Algebra und der gebietsübergreifende Charakter des Problems wird deutlich. Wieder ist es bemerkenswert, dass ganz unterschiedliche Methoden (die nicht voneinander abhängig sind!) zur Lösung führen. Damit ergeben sich für den Lehrer auch unterschiedliche Einstiegsmöglichkeiten und Bearbeitungswege, die der jeweiligen Lernsituation angepasst werden können.

Von tragender Bedeutung ist auch, dass sich hier erneut die Möglichkeit ergibt, auf Modellbildungsprozesse einzugehen.

Zu Abbildung 3.0.1: Kapitel 3.1 dient der Einführung in die Problemstellung. Kapitel 3.2 bringt Ausführungen zum Modellbildungsprozeß an sich, ist also nicht unbedingt an die vorliegende Unterrichtseinheit gebunden, kann aber gut dort integriert werden. 3.4 und 3.5 sind unabhängig von der Simulation, doch ist ein Vorschalten der Simulation vor die exakten Lösungen sicherlich ein motivierender Weg. Will man nur in den Begriff der Simulation einführen, reichen auch 3.1 und 3.3. Hat man die Möglichkeit des Computereinsatzes, sollte man ihn integriert in die verschiedenen Entwicklungen einsetzen.

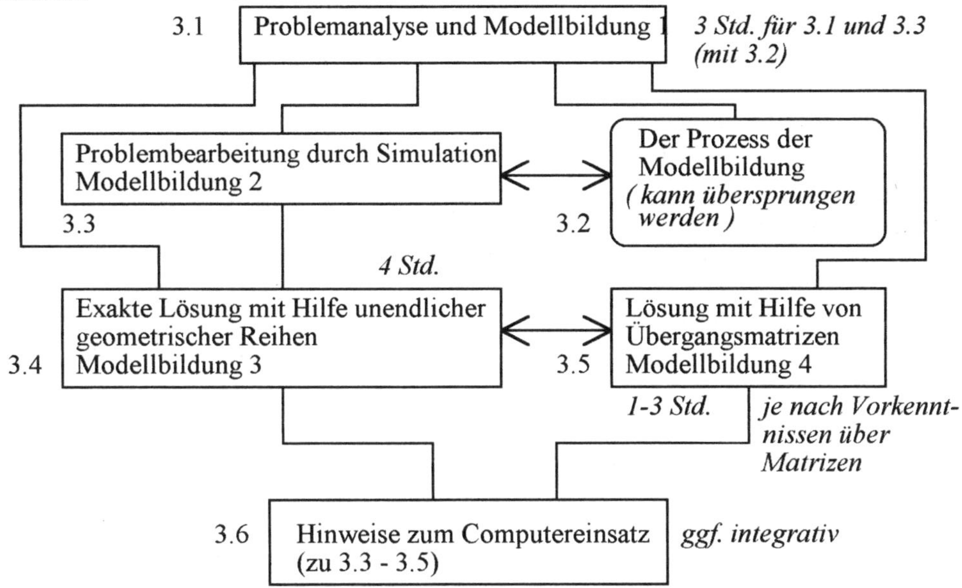

Abbildung 3.0.1: Mögliche Bearbeitungswege im Unterricht

3.1 Problemanalyse und Modellbildung

Es ist naheliegend, das Spiel zunächst mehrmals durchzuspielen um ein Gefühl für die Spielregeln und den Ablauf zu gelangen. Auf die Art der Formulierung des Algorithmus kann danach eingegangen werden.

Modellbildung - Stufe 1 - Protokoll führen und auswerten

Ein erster Versuch einer Modellbildung kann nun darin bestehen, Protokoll zu führen und dieses dann auszuwerten. Man kann z.B. Protokoll führen

a) über die Anzahl der Gewinn- bzw. Verlustspiele

b) über den Ablauf bei einem einzelnen Durchlauf - wie lang war der Durchlauf?

c) über den Ablauf bei einem einzelnen Durchlauf - was wurde gewürfelt?

Es folgen einige solcher Protokollnotizen. Dabei bedeuten:
w Weiter würfeln, V Verloren, G Gewonnen

Simulation 1: Anzahl der Wiederholungen = 50

```
w V w G G w V w w w V G w w V G w w w G V w w w w G w w V
w G w w w w w w w w w w w w w w V V w w V G w w G w V w
V G w V V G w w V w w w w V w V G w w w w w V G V w w w w
G w w w G G w w w w w w G w w w w V w w ww G w V w w w w
V w w w V w G w w G w w w w w w w V w w w w V w w G w w V
w V G w V w V
```

Statistik 1 *Relative Häufigkeit*

Spielanzahl = 50
Gewinne = 22 0.4400
Verluste = 28 0.5600
Weiter gespielt = 101
Wurfanzahl insgesamt = 151

Simulation 2: Anzahl der Wiederholungen = 50

```
w V w w V w V w w w V w w w w w w w w w w w w G w G w w w
w G G w G w w w w w w V w w w w V w w w w G w ww G w w V
V w w w V w w w w G G G G w w w w w G G w w w w w V w w w
w w w V w w G w w w V w w w w w V V w w V w G w w w w G w
w w G w w w w w w w w w w w w V VV w w G G w G w w w w V
w V w w w w w w w w w w w V w G w w w V w w V w w V w w w
w w V G G w G w w G
```

Statistik 2 *Relative Häufigkeit*

Spielanzahl = 50
Gewinne = 25 0.5000
Verluste = 25 0.5000
Weiter gespielt = 134
Wurfanzahl insgesamt = 184

Was kann bis hierher gelernt werden bzw. welche Begriffe können zwanglos eingeführt werden? Hierzu sei zunächst an die Bedeutung von Statistiken in unserer Lebenspraxis erinnert. Für die Schule gilt

Ein wichtiges fachübergreifendes Ziel ist die Vermittlung von Kompetenz bei der Auswertung von Statistiken:

- Daten grafisch veranschaulichen können (z.B. mit Computereinsatz, Tabellenkalkulationsprogramme)
- Die Daten zeilenweise und spaltenweise im Vergleich bewerten oder die zugehörige grafische Darstellung entsprechend auswerten können.
- Voreilige Schlüsse vermeiden.

Was kann bei den beiden obigen Statistiken abgelesen werden?
Die gesamte Spieldauer (Würfelzahl insgesamt) ist recht unterschiedlich! Lange w-Perioden wechselten mit kurzen Abläufen, die schnell, manchmal sogar sofort zu den Ergebnissen V oder G führten. Vorhersagen scheinen nicht möglich zu sein. *Es liegt ein Zufallsexperiment vor!* Einmal gab es mehr Verlustspiele als Gewinnspiele, das zweite Mal waren die Ergebnisse ausgeglichen. Entscheidungen darüber, ob das Spiel fair ist, sind verfrüht!

Wie kann man fortfahren?

- Datenmengen vergrößern und erneut auswerten.
- Die Auswertung verbessern. Vielleicht interessieren die jeweils gewürfelten Zahlen, um Abfolgen besser vorhersagen zu können.
- Eine andere Vorgehensweise erproben.

Mögliche Einführung von Begriffen: *Modellbildung, Simulation, Statistik, Zufallsexperiment, absolute Häufigkeit, relative Häufigkeit, Ergebnis eines Versuchs G,V,w; Ergebnisraum (Stichprobenraum),* $\Omega=\{V,G,w\}$.

3.2 Der Prozeß der Modellbildung

In den Naturwissenschaften und der Technik dienen häufig Experimente dazu, Informationen zur Bestätigung oder Widerlegung von Hypothesen zu gewinnen. Modelle werden dagegen oft zur Lösung von Aufgaben eingesetzt, deren Durchführung am Original selbst nicht möglich oder zu aufwendig ist. Abbildung 3.2.1 sagt uns Einiges über den Prozess der Modellbildung.
Modelle versuchen Ausschnitte aus der Realität zu beschreiben. Diese ist zu komplex, um direkt nachgebildet zu werden. Im vorliegenden Fall werden mehrere Modellierungsstufen vorgeführt, die jeweils zu anderen mathematischen Modellen führen. Hier ergänzen sich diese und die Modellbildung führt zu gut vergleichbaren Ergebnissen. Modellbildungsprozesse müssen meistens nachgeregelt werden, z.B. müssen Ansätze korrigiert werden.

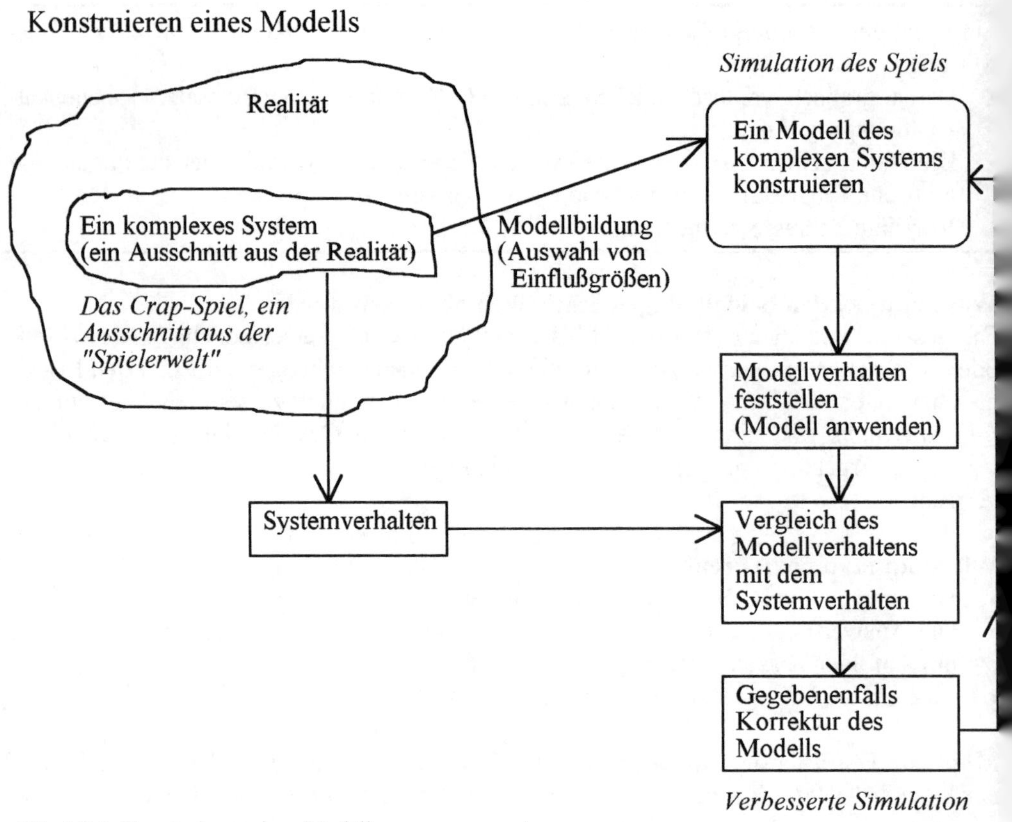

Abb. 3.2.1: Konstruieren eines Modells

3.3 Problembearbeitung durch Simulation

Modellbildung - Stufe 2 - Simulation mit Hilfe des Computers

Größere Datenmengen lassen sich auch durch mehr Schülerversuche bereitstellen (Hausarbeit) - naheliegend ist jedoch, dass man in solch einem Fall den Computer einsetzt. Mit Hilfe des in den Spielregeln formulierten Algorithmus lässt sich leicht ein geeignetes Programm schreiben, siehe Kapitel 3.6. Zwei Computersimulationen mit dem Programm CRAP1.EXE ergaben:

Simulation 1 *Anzahl der Wiederholungen <=10000 ? 10000*

STATISTIK			*Relative Häufigkeit*
Spielanzahl	=	*10000*	
Gewinne	=	*4956*	*0.4956*
Verluste	=	*5044*	*0.5044*
Weiter gespielt	=	*23527*	
Wurfanzahl insgesamt	=	*33527*	

Simulation 2 *Anzahl der Wiederholungen <=10000 ? 10000*
STATISTIK *Relative Häufigkeit*

Spielanzahl	=	*10000*	
Gewinne	=	*4913*	*0.4913*
Verluste	=	*5087*	*0.5087*
Weiter gespielt	=	*23893*	
Wurfanzahl insgesamt	=	*33893*	

Nun sprechen die Ergebnisse doch dafür, dass die Gewinnwahrscheinlichkeit etwas niedriger ist als die Verlustwahrscheinlichkeit. Das Spiel scheint nicht fair zu sein. Man beachte allerdings, dass diese Ergebnisse bei einer sehr großen Anzahl von Spielen erzielt wurden, bei wenigen Spielen kann der Zufall auch so wirken, dass man mehr gewinnt als verliert.

Aufgabe 3.3.1:
Simulieren Sie das Crapspiel mit zwei Würfeln 20 mal, bis Sie den Verlust oder Gewinnzustand erreicht haben. Notieren Sie dabei jeweils die Anzahl der Versuche bis zum Endzustand. Stellen Sie die minimale und die maximale Anzahl fest.

Aufgabe 3.3.2:
Auf ähnliche Art lassen sich auch andere Spiele simulieren und bezüglich ihrer Gewinnchancen untersuchen. Nennen Sie Beispiele!

Aufgabe 3.3.3:
Diskutieren Sie, wie weit man sich auf die Simulationsergebnisse verlassen kann.

Aufgabe 3.3.4: Stellen Sie Sachverhalte zusammen, bei denen die relative Häufigkeit eine Rolle spielt.

3.4 Exakte Lösung mit Hilfe von unendlichen geometrischen Reihen

Modellbildung - Stufe 3 - Übergangsgraph

Wenn man eine exakte Problemlösung angehen will, ist ein neuer Schritt in der Modellbildung nötig. Dieser besteht zunächst darin, die Wahrscheinlichkeiten für die einzelnen Paarwürfe zu bestimmen. Man sieht leicht, dass gilt:

Augensumme S	2	3	4	5	6	7	8	9	10	11	12
Wahrscheinlichkeiten	1/36	2/36	3/36	4/36	5/36	6/36	5/36	4/36	3/36	2/36	1/36

Begriffsbildung: Die Augensumme ist eine *Zufallsgröße* S; die Liste der Wahrscheinlichkeiten wird als *Wahrscheinlichkeitsverteilung* P(S=s) bezeichnet. P(S=s) ist die Wahrscheinlichkeit, dass die Zufallsgröße S gerade den Wert s annimmt.

Der Zustandsgraph

Man erkennt die Symmetrie der Wahrscheinlichkeitsverteilung um die Augensumme 7 herum. So gilt z.B. P(S=4)=P(S=10)=3/36. Wenn wir nun die einzelnen Spielzustände betrachten, so kommen wir zu einer Menge möglicher Zustände, nämlich:

Zustand Z1	Start	*Startzustand*
Zustand Z2	Gewinn: 7 oder 11 gewürfelt, Summe $S' \in \{7,11\}$	*Endzustand*
Zustand Z3	Verlust: 2,3 oder 12 gewürfelt, Summe $S' \in \{2,3,12\}$	*Endzustand*
Zustand Z3	5 oder 9 gewürfelt, Summe $S' \in \{5,9\}$	*Zwischenzustand*
Zustand Z4	6 oder 8 gewürfelt, Summe $S' \in \{6,8\}$	*Zwischenzustand*
Zustand Z5	4 oder 10 gewürfelt, Summe $S' \in \{4,10\}$	*Zwischenzustand*

So ist jedenfalls die Situation vor (Start) und nach dem 1.Wurf. Danach kann man in den Zwischenzuständen verharren oder man gelangt in einen Endzustand. Überblick über die Vorgänge verschafft uns ein Übergangsgraph:

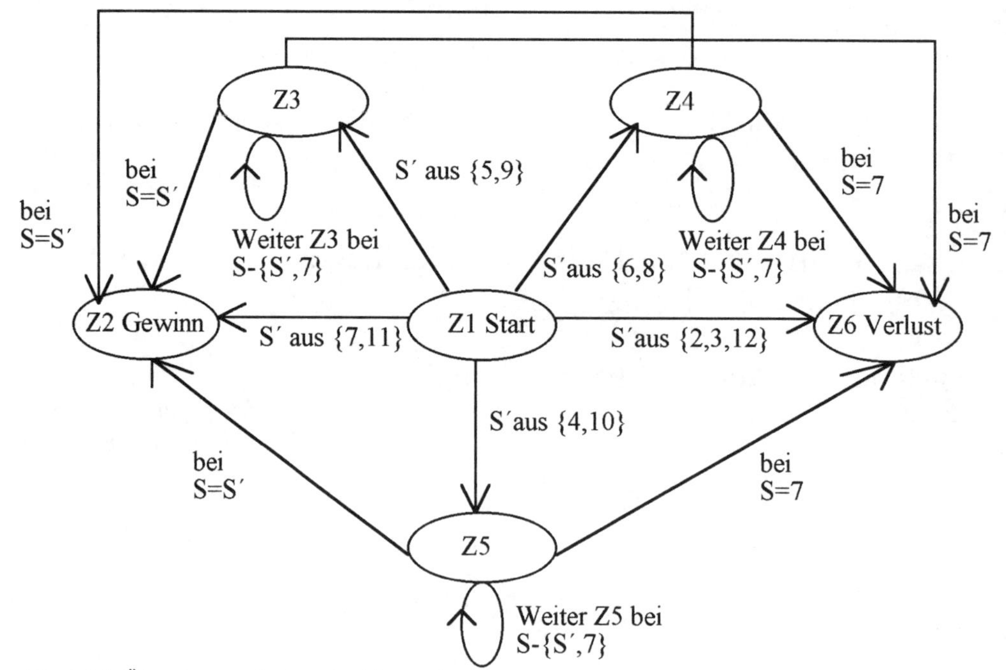

Abb.3.4.1: Übergänge zwischen den Zuständen

Modellbildung - Stufe 4 - Übergangswahrscheinlichkeiten P(Z5 → ...)

Die Wahrscheinlichkeiten für den ersten Wurf sind klar; sie können sofort aus der Tabelle entnommen werden. Betrachten wir z.B. die dann folgende Situation im Zustand Z5 bei dem nächsten Schritt:

Fall 1: Wenn die Wurfsumme gleich der vorherigen Wurfsumme ist - also entweder gleich 4 oder gleich 10 (Wahrscheinlichkeit jeweils 3/36), so wird gewonnen. Damit ist die Wahrscheinlichkeit für den Übergang von Z5 nach Z2 gleich 3/36, in Zeichen
$P(Z5 \rightarrow Z2) = 3/36$.

Fall 2: Wenn die Wurfsumme nun gleich 7 ist, wird verloren. $P(S=7)=6/36$, siehe Tabelle.
Also $P(Z5 \rightarrow Z6) = 6/36$.

Fall 3: In allen anderen Fällen bleibt man in Zustand Z5, also
$P(Z5 \rightarrow Z5) = 1 - (3/36 + 6/36) = 27/36$. Die Rechnung erfolgte über die *Gegenwahrscheinlichkeit* von (3/36 + 6/36).

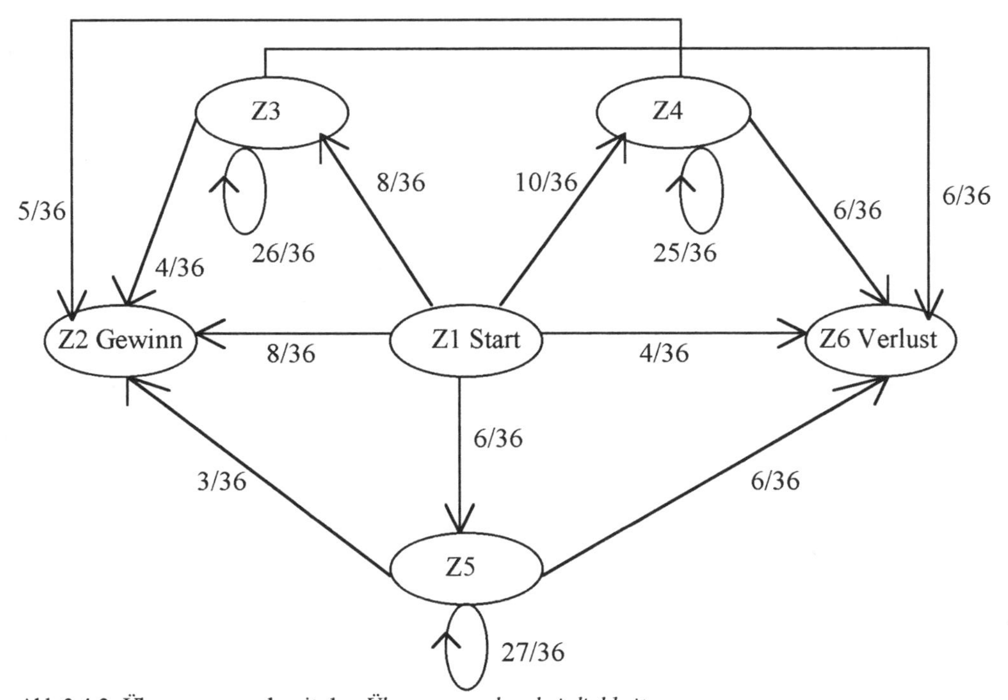

Abb.3.4.2: Übergangsgraph mit den *Übergangswahrscheinlichkeiten*

In ähnlicher Weise errechnen sich die anderen Übergangswahrscheinlichkeiten .

Modellbildung - Stufe 5 - Einsatz unendlicher geometrischer Reihen, Berechnung der Gewinnwahrscheinlichkeit

Offenbar muss nun die Situation mathematisiert werden, dass man in einem Zwischenzustand 1,2,3,... Schritte lang verharren kann, bis man möglicherweise gewinnt oder verliert! Betrachten wir das für den Übergang von Z5 nach Z2 (Gewinn):

Übergang von Z5 nach Z2					
Anzahl der Schritte	1	2	3	4	n
Wahrscheinlichkeit	3/36	27/36 *3/36	$(27/36)^2$ *3/36	$(27/36)^3$ *3/36	$(27/36)^{n-1}$ *3/36

Offenbar müssen diese Wahrscheinlichkeiten addiert werden, denn wenn man z.B. nach 4 Schritten den Übergang nach Z2 schafft, hat man es erst probiert mit einem Schritt, dann mit zwei Schritten, mit drei Schritten und nun mit 4 Schritten - man schafft es also mit einem Schritt *oder* nach zwei Schritten *oder* nach drei Schritten *oder* .... Mit der *Additionsregel* folgt: $3/36*[1 + 27/36 + (27/36)^2 + (27/36)^3]$ und allgemein

$$x = 3/36*[1 + 27/36 + (27/36)^2 + (27/36)^3+...+(27/36)^{n-1} +...],$$

eine *unendliche geometrische Reihe*! Mit der Summenformel ergibt sich
$x = 3/36*[\ 1 / (1-27/36)] = 3/36 * 36/9 = 1/3$. Für den Übergang von Z5 nach Z2 erhält man also die *Wahrscheinlichkeit* $g(Z5 \rightarrow Z2) = 1/3$.

In entsprechender Weise kann man die anderen Wahrscheinlichkeiten ermitteln (Gruppenarbeit!): $g(Z3 \rightarrow Z2) = 2/5$ $g(Z4 \rightarrow Z2) = 45/99$.

Ausgehend von Z1 können wir nach Z2 auf verschiedenen Wegen gelangen:

Weg	Wahrscheinlichkeit	
Von Z1 direkt nach Z2	8/36	
Von Z1 über Z3 nach Z2	8/36 * 2/5	(Multiplikationsregel)
Von Z1 über Z4 nach Z2	10/36 * 45/99	
Von Z1 über Z5 nach Z2	6/36 * 1/3	

Diese Wahrscheinlichkeiten müssen nun noch aufsummiert werden (Additionsregel):

$g(Z1 \rightarrow Z2) = 244/495 = 0.49292929...$
Gewinnwahrscheinlicheit des Crap-Spiels

$g(Z1 \rightarrow Z6) = 1 - 244/495 = 251 /495 = 0.50717171...$
Verlustwahrscheinlicheit des Crap-Spiels Das Spiel ist nicht fair!

Aufgabe 3.4.1:
Erläutern Sie Abbildung 3.4.1 in Zusammenhang mit den eingangs verwendeten Spielregeln des Crapspiels.

Aufgabe 3.4.2:
Erläutern Sie Übergangswahrscheinlichkeiten in Abbildung 3.4.2.

Aufgabe 3.4.3:
Wie wahrscheinlich sind die Zustandsfolgen Z1, Z5, Z5, Z6 bzw. Z4, Z4, Z4, Z2?

Aufgabe 3.4.4:
Wie groß ist die Wahrscheinlichkeit, nach Start in Z1 bereits nach 2 Würfen gewonnen bzw. verloren zu haben?

Aufgabe 3.4.5:
Berechnen Sie g(Z3→Z2) und g(Z3→Z6).

3.5 Lösung mit Hilfe von Übergangsmatrizen

Unter Benutzung der Matrizenrechnung (Lineare Algebra!) können die obigen Ergebnisse und weitere Aussagen zu dem vorliegenden System auf elegante Weise ermittelt werden.

Benötigte Kenntnisse:

Multiplikation zweier Matrizen - damit erschließt sich auch die Potenz einer Matrix als mehrfache Multiplikation einer Matrix mit sich selbst. Falls die Matrizenmultiplikation schon bekannt ist, bleibt vorab zu begründen, warum man sie hier zur Problemlösung (mehrfach) verwenden kann.

Zunächst wird aus dem Übergangsgraphen, Abbildung 3.4.2, die Übergangsmatrix erstellt, in der die Wahrscheinlichkeiten für den einstufigen Übergang von einem Zustand zum nächsten enthalten sind.

	Z1	Z2	Z3	Z4	Z5	Z6	
Z1	0	8/36	8/36	10/36	6/36	4/36	→ Zeilensumme = 1
Z2	0	1	0	0	0	0	→ Z2 ist Endzustand
Z3	0	4/36	26/36	0	0	6/36	**= Matrix A(1)**
Z4	0	5/36	0	25/36	0	6/36	(eine Stufe)
Z5	0	3/36	0	0	27/26	6/36	
Z6	0	0	0	0	0	1	→ Z6 ist Endzustand

↓
Übergänge nach Z1 sind nicht möglich, da Z1 Anfangszustand.
Für die Rechnungen könnte man auch auf Z1 verzichten.

Wir wollen zunächst zur zweistufigen Übergangsmatrix A(2). Warum muss man die Matrix A mit sich selbst multiplizieren und wie geschieht das?

Beispiel:
Wir betrachten den Übergang von Z1 nach Z2 nach genau zwei Schritten. Die folgende Tabelle nennt diese Übergänge und notiert ihre Wahrscheinlichkeiten. Abbildung 3.4.2 hilft uns dabei:

Z1		$\rightarrow$			Z2
über Z1	über Z2	über Z3	über Z4	über Z5	über Z6
0*0	8/36*1	8/36*4/36	10/36*5/36	6/36*3/36	4/36*0

Die Multiplikation der Wahrscheinlichkeiten längs der einzelnen Pfade erfolgt nach der *Multiplikationsregel* und all diese Wege sind möglich, also haben wir die Wahrscheinlichkeiten zu addieren (*Additionsregel*).

$$(\#)\qquad P^{(2)}(Z1\rightarrow Z2) = 0*0 + 8/36*1 + 8/36*4/36 + 10/36*5/36 + 6/36*3/36 + 4/36*0 = 108 / (36*36) \approx 0.0833.$$

Die Wahrscheinlichkeit $P^{(2)}(Z1\rightarrow Z2)$, nach 2 Schritten vom Start zum Gewinn zu kommen, beträgt etwa 0.0833. Damit haben wir ein Element der Matrix A(2) bestimmt, nämlich das in der 1.Zeile, 2.Spalte. Die vorgeführte Art der Rechnung haben wir nun für alle Übergangssituationen (bei zwei Schritten), also 6*6 = 36 mal durchzuführen!

Glücklicherweise lässt sich diese Rechenarbeit gut formalisieren - durch die Matrizenmultiplikation $A\bullet A = A^2$.

Betrachten wir dazu noch einmal die Übergangsmatrix und suchen die in obiger Tabelle benötigten Wahrscheinlichkeiten. - Sie stehen in der ersten Zeile von A und der zweiten Spalte von A (im Folgenden kursiv gedruckt). Wir notieren die Matrix A zweimal in der unten gezeigten Form (genannt *Falk-Schema zur Matrizenmultiplikation*).

Nun bilden wir das *Skalarprodukt* „1.Zeile * 2.Spalte", so wie oben in (#) gezeigt und erhalten ein Elemente von A(2) bzw. A^2 . Die mit „?" gekennzeichneten Elemente sind entsprechend durch Skalarprodukte zu berechnen.

A(2) = A(1)•A(1)

A^2 = A • A

Z1	Z2	Z3	Z4	Z5	Z6
0	*8/36*	8/36	10/36	6/36	4/36
0	*1*	0	0	0	0
0	*4/36*	26/36	0	6/36	
0	*5/36*	0	25/36	0	6/36
0	*3/36*	0	0	27/26	6/36
0	*0*	0	0	0	1

Z1	*0*	*8/36*	*8/36*	*10/36*	*6/36*	*4/36*	?	*$108/36^2$*	?	?	?	?
Z2	0	1	0	0	0	0	?	?	?	?	?	?
Z3	0	4/36	26/36	0	0	6/36	?	?	?	?	?	?
Z4	0	5/36	0	25/36	0	6/36	?	?	?	?	?	?
Z5	0	3/36	0	0	27/26	6/36	?	?	?	?	?	?
Z6	0	0	0	0	0	1	?	?	?	?	?	?

Lässt man nun z.B. A^{100} durch einen Computer berechnen, so erhält man (gerundet):

	Z1	Z2	Z3	Z4	Z5	Z6
Z1	0	0.4929	0	0	0	0.5071
Z2	0	1	0	0	0	0
Z3	0	0.4	0	0	0	0.6
Z4	0	0.4545	0	0	0	0.5455
Z5	0	0.3333	0	0	0	0.6667
Z6	0	0	0	0	0	1

= Matrix A^{100}
(nach 100 Schritten)

Beim Übergang von Z5 nach Z2 (nach 100 Schritten) finden wir unser schon oben auf andere Weise errechnetes Element 1/3 wieder! Befindet man sich also erst einmal in Zustand Z5, so ist die Gewinnwahrscheinlichkeit nur noch 1/3! Beim Zwischenzustand Z4 sind die Chancen schon etwas günstiger (0.4545=45/99). Auch die anderen Wahrscheinlichkeiten lassen sich leicht interpretieren.
Hinweis: Es gibt (für einen Leistungskurs durchführbare) Methoden, um aus der hier vorliegenden Matrix A die Grenzmatrix G = lim A^n für $n \to \infty$ exakt zur berechnen.

Aufgabe 3.5.1:
Erläutern Sie den Aufbau der Übergangsmatrix A(1).

Aufgabe 3.5.2:
a) Berechnen Sie die Übergangsmatrix A(3).
b) Deuten Sie die Ergebnisse. Vergleichen Sie mit A(2).
c) Welche Erwartungen kann man für A(4), A(5),... formulieren?

Aufgabe 3.5.3:
Einerseits gilt $A^n = A*A*...*A$ (n Faktoren A), andererseits auch $A^n = A*A^{n-1}$. Beide Ansaätze kann man benutzen, um z.B. A^4 zu berechnen.

3.6 Hinweise zum Computereinsatz

Der Computer ist in dieser Unterrichtseinheit gut verwendbar für
a) die Durchführung (Algorithmus, Veranschaulichung) der Simulation des Crap-Spiels
b) die rechnerische Bearbeitung des Crap-Spiels (Hochrechnen von Folgengliedern, Hochrechnen von Matrizenpotenzen, Bestimmung der Grenzmatrix bei Interpretation als absorbierende Markow-Kette)

Ausgewählte Unterrichtssoftware (s. Anhang über Disketten am Buchende)

- Softwaresystem MARKOW *Bearbeitet Markow-Ketten, siehe Kap.2.9.*
- CRAP1.EXE, CRAP1.PAS *Crapspiel-Simulation*

Zur Simulation

Besonders nützlich erweist sich der Computer bei der Problembearbeitung durch Simulation. Die am Anfang des Kapitels angegebenen Spielregeln lassen sich leicht in ein Programm (CRAP1.EXE/PAS) übersetzen, geeignete Zählwerke zählen die gewonnenen und verlorenen Spiele und wie oft das Spiel ohne Endergebnis fortgesetzt wurde. Kernstück des Programms ist die folgende Prozedur „simulation":

```
PROCEDURE simulation;
BEGIN
   FOR i:=1 TO anzahl DO
   BEGIN
      s:=RANDOM(6)+1+RANDOM(6)+1;
      IF s IN [7,11]           THEN  gewonnen:=gewonnen+1;
      IF s IN [2,3,12]         THEN  verloren:=verloren+1;
      IF s IN [4,5,6,8,9,10]   THEN  weiter:=weiter+1;
      t:=s;
      REPEAT
         s:=RANDOM(6)+1+RANDOM(6)+1;
         IF s=7 THEN verloren:=verloren+1;
         IF s=t THEN gewonnen:=gewonnen+1;
         IF s IN [2..12]-[7,t] THEN weiter:=weiter+1;
      UNTIL ( (s=7) OR (s=t) );
   END;
END;
```

Zur Berechnung von Matrizenpotenzen kann das Programm MARKOW verwendet werden, das auch andere Lösungsmethoden für Problemstellungen, die auf stochastische Übergangsmatrizen führen, enthält. So können z.B. auch Grenzmatrizen und Mittelwerte bei absorbierenden Markow-Ketten (wie beim Crapspiel vorliegend) berechnet werden. Hinweis: Eine Markow-Kette heißt *absorbierend*, wenn sie einen oder mehrere absorbierende Zustände enthält. Das sind solche Zustände, die nicht mehr verlassen werden können.

4. Sammelbilder (Trading Cards) und Pfandflaschen

4.0 Problemstellung - Grundbegriffe - Vorbemerkungen für den Lehrer

Das Problem

Immer wieder wird es aktuell; es gibt sogar Geschäfte, die sich nur damit beschäftigen. Beim Kauf eines Produktes enthält die Packung häufig ein Sammelbild. Der Kauf weiterer Packungen des gleichen Produkts soll irgendwann dazu führen, dass man schließlich alle unterschiedlichen Sammelbilder zusammen hat. **Ziel ist also das Sammeln eines vollständigen Satzes (einer vollständien Serie)**. Häufig sind Kinder wie Erwachsene gleichermaßen an Sammelbildern interessiert. Die Frage ist nun:
Wie lange muss man sammeln, bis man einen vollständigen Satz zusammen hat bzw. wie viele Bilder muss man kaufen?

Das Thema "Sammelbilder" (Problem der vollständigen Serie) ist nach meinen Erfahrungen hervorragend geeignet, um in die Stochastik einzusteigen, kann aber auch als spätere Anwendung dienen, je nach Art der verwendeten Methoden. **Unabhängig voneinander kann man diverse mathematische Hilfsmittel benutzen.**

Benötigte Grundbegriffe

Begriffe aus der Stochastik und dem Umfeld der Anwendung, die im Verlauf der Anwendung "Sammelbilder" eingeführt werden sollten (bei Einführung in engerem Sinn, Kapitel 4.1.,4.2) bzw. benutzt werden (falls schon bekannt).
Für die Kapitel 4.1 und 4.2: *Zufallsexperiment, Modellierung, Simulation, relative Häufigkeit, absolute Häufigkeit, Zustand, Anfangszustand, Endzustand, Übergangsgraph, Warteschleife, Wahrscheinlichkeit (Laplace und statistische Definition), Baumdiagramm, Übergangswahrscheinlichkeiten, Knoten, Pfade, Multiplikationssatz, (Pfadregel 1), geometrische Verteilung, Erwartungswert, Zufallsvariable,*
Zusätzlich für die Kapitel 4.3 und 4.4.: *Übergangsmatrix, stochastische Matrix, absorbierender Zustand, Matrixpotenz, Matraixsumme, inverse Matrix, Automat.*

Vorbemerkungen für den Lehrer

Für den Unterricht ist das Sammelbilderproblem aus verschiedenen Gründen reizvoll:

- Man kann sich des Interesses der Schüler sicher sein!
- Verschiedene Bearbeitungsmöglichkeiten unterschiedlichen Schwierigkeitsgrads können isoliert voneinander oder auch verknüpft miteinander betrachtet werden, so dass die Behandlung im Unterricht auf verschiedenen Niveaustufen möglich ist.
- Es kann beispielhaft (3,4,5,6,... Sammelbilder) oder allgemein (n Sammelbilder) gearbeitet werden.
- Die verschiedenen Lösungsmöglichkeiten sichern sich gegenseitig ab.
- Man kann auf anschauliche Weise in eine wichtige Verteilung einführen - in die geometrische Verteilung.

- Die dem Sammelbilderproblem zugrundeliegende geometrische Verteilung tritt bei diversen Problemen auf, die man dann auch entsprechend zur Konstruktion einer Unterrichtseinheit oder in Form von Übungsaufgaben verwenden kann.

Als weitere Probleme, die auf die geometrische Verteilung führen, seien genannt:

Information von Mitarbeitern durch einen „Umlauf":
Erfahrungsgemäß ist die Weitergabe des Umlaufs an den nächsten Mitarbeiter nicht störungsfrei (Krankheit, Vergesslichkeit, Verbummeln des Umlaufs,...), so dass man`gewisse Übergangswahrscheinlichkeiten ansetzen kann.
Ereignis: Mitarbeiter reicht den Umlauf weiter -
Gegenereignis: Mitarbeiter reicht den Umlauf nicht weiter.

Die Rückgabe und Wiederverwendung von Pfandflaschen:
Ereignis: Flasche wird zurückgegeben und wiederverwendet.
Gegenereignis: Flasche wird nicht zurückgegeben oder nicht wiederverwendet.

Ausverkauf eines Lagers:
Ereignis: Produkt wird verkauft
Gegenereignis: Produkt wird nicht verkauft

Suche eines Gegenstands:
Ereignis: Gegenstand wird gefunden
Gegenereignis: Gegenstand wird nicht gefunden

Abwesenheit eines Mitarbeiters (Schülers) an den einzelnen Tagen einer Woche
Ereignis: Mitarbeiter anwesend
Gegenereignis: Mitarbeiter nicht anwesend

Stets geht es um das Warten auf einen Erfolg. Derartige Beispiele können Schüler auch selbst zusammenstellen. Umgekehrt kann auch gefragt werden, ob gewisse Probleme auf die geometrische Verteilung führen.

Wir kehren zum Sammelbilderproblem zurück:
Es ist klar, dass man für die Beantwortung der Frage nach der Ziehungszahl bis zu einem vollständigen Satz keine exakte, bei verschiedenen Versuchen immer wieder gleiche Anzahl angeben kann. Es kann sich nur um einen Durchschnittswert handeln. Die Ansätze führen also auf den wichtigen *Begriff des Erwartungswertes einer Zufallsvariablen, in diesem Fall für die geometrische Verteilung.*
Wenn wir noch recht wenige verschiedene Bilder haben, werden wir bei einem Kauf gute Chancen für ein neues Bild haben. Sind wir dagegen schon nahe am vollständigen Satz, werden die Chancen für noch fehlende Bilder immer geringer.

Das folgende Diagramm beschreibt einige Zusammenhänge und gibt gleichzeitig mögliche Reihenfolgen für eine Unterrichtseinheit an (Abbildung 2.1).

Bearbeitungsmöglichkeiten für das Sammelbilder-Problem

	Simulation	Geometrische Verteilung	Markow-Kette Übergangsmatrizen	Endlicher Automat
Exemplarisch z.B. 3 (6) Bilder	1 von Hand / Computer	2	4	6
Allgemein n Bilder		3	5	
Erwartungswert	elementar als Mittelwert	Herleitung der Formel 1/p über unendliche geometr. Reihen	Herleitung durch Überlegungen an den Übergangsmatrizen	elementar als Mittelwert

Bewertung der Möglichkeiten

(1) Simulation - exemplarisch

Das ist sicher der elementarste Zugang!

a) Wegen der Würfelzahlen bietet es sich an, 6 Bilder zu betrachten. So lassen sich leicht in Partnerarbeit (Würfeln, Strichliste) viele Versuche bis zu einem vollständigen Satz durchführen, die Bildung des arithmetischen Mittels dieser vielen „Satz-voll- Ergebnisse“ liegt nahe.

Beispiel: 3 3 4 1 2 1 3 5 5 3 4 2 3 4 5 1 2 6, Satz voll nach 18 Würfen.

Das Problem ist durch Simulation schnell bearbeitet. Ein kleines Computerprogramm kann die Simulation noch beschleunigen. Aber es ergibt sich nur ein Näherungswert für den Mittelwert.

b) Für andere Bilderanzahlen lassen sich durch andere Einteilung des Würfels, durch Münzwurf oder ähnliche Hilfsmittel weitere Näherungswerte für den Erwartungswert ermitteln.

c) Die Zufallszahlen, die bis zu einem vollständigen Satz erzeugt werden, lassen sich leicht grafisch darstellen.

(2),(3) Geometrische Verteilung

a) Bei der Einführung der geometrischen Verteilung gibt es keine besonderen Probleme, da der Term $G(n,p) = (1-p)^{n-1}p$ für den Übergang von einem Zustand zum Folgezustand nach (n-1) erfolglosen, voneinander unabhängigen Versuchen leicht einsichtig ist. Graphische Darstellungen wie Baumdiagramm und Übergangsgraph helfen beim Verständnis.

b) Schwieriger ist dann die Ermittlung des Erwartungswertes E(X) = 1/p. Hier werden geometrische Reihen benötigt (Summenformel). Für 6 Sammelbildern werden 5 geometrische Verteilungen aneinandergereiht. Die einzelnen Erwartungswerte müssen addiert werden. Das ist plausibel und läßt sich leicht zunächst an einem Beispiel (siehe Glossar A) und dann auch allgemein bestätigen.

c) Die Betrachtung von m Sammelbildern ist dann eine nur noch formale Erweiterung.

(4),(5) Markow-Kette, Übergangsmatrizen
Die Deutung des Sammelbildervorgangs als Markow-Kette fällt nicht schwer. Die Kette wird in Form des Übergangsgraphen dargestellt, aus dem man leicht die Übergangsmatrix mit 6 oder 7 Zuständen (falls der Start als eigener Zustand gedeutet wird) aufstellen kann. Das Potenzieren der Übergangsmatrix zeigt, wie die Wahrscheinlichkeiten, in den Endzustand zu gelangen, bei jedem Versuch immer größer werden. Der Erwartungswert für den vollständigen Satz kann näherungsweise aus allen Potenzen ermittelt werden. Eine Matrix, die den gesuchten Erwartungswert enthält, bedarf einiger weiterführender Erklärungen, die insbesondere die absorbierende Eigenschaft der Markow-Kette (siehe Kapitel 3.6, hier Absorption im Endzustand „Satz voll") benutzt.

(6) Endlicher Automat
Die Sammelvorgänge können auch als in einem endlichen Automaten ablaufend beschrieben werden. Die Simulation aus (1) wird im Sinn der Automatentheorie gedeutet. Man erhält damit eine Querverbindung zur Informatik, in der endliche Automaten behandelt werden. Im Informatikunterricht kann die Simulation mit einer Automatenoberfläche versehen werden.

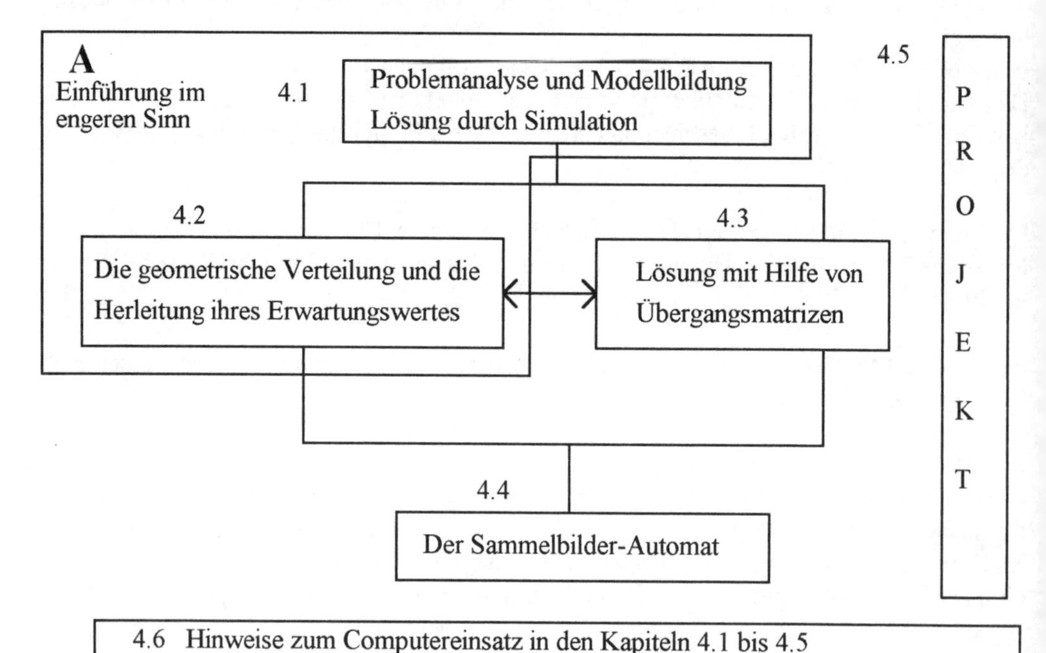

Nach dieser Grobeinschätzung der Bearbeitungsmöglichkeiten kommen wir nun zur ausführlichen Darstellung.

4.1 Problemanalyse und Modellbildung, Lösung durch Simulation

Ein Sammelkartenspiel erobert Schulklassen und Kinderzimmer - ein Ausschnitt aus einer Tageszeitung

Der Tagesspiegel am 4.12.95: „Ein Sammelkartenspiel erobert Schulklassen und Kinderzimmer - ..Vor zwei Jahren kannte kaum jemand die Amerikaner aus Seattle. In diesem Jahr breiteten sich die Wizards auf einer Fläche aus, die anderthalb Hallen entsprach, und dort zeigten sie im Wesentlichen nur ein Produkt: ein **Trading Card Game**, auf deutsch Sammelkartenspiel.
Die Älteren werden sich vielleicht erinnern, wie sie ihren Vater zu übermäßigem Zigarettenkonsum drängten. In den Packungen verbargen sich bunte Bildchen - alte Meister etwa oder große Komponisten - die in Alben eingeklebt werden konnten. Die Jüngeren versuchten später auf dem Schulhof zwei Berti Vogts gegen einen Günther Netzer zu tauschen, andere aßen Schokoladeneier, um an die darin versteckten Plastikfiguren zu kommen. Das alles waren eher harmlose Vergnügen.
Der Fantasy-Spiel-Club Nexus rief vor kurzem zu einem Trading-Card-Turnier. .. Gemeldet waren zweihundert Jugendliche zwischen vierzehn und fünfundzwanzig Jahren. Es kamen viel mehr. Aus Taschen und Koffern zogen sie bündelweise Karten... Neben den Spieltischen wurde gehandelt, Karte gegen Karte, aber noch viel häufiger Karte gegen Geld. Auch Markus, in dessen Lichtenrader Gesamtschule die Jungen ganzer Klassen infiziert sind, ...war gekommen, vergeblich, denn niemand hatte hier einen Black Lotus mit schwarzem Rand. Aber damit war auch nicht zu rechnen. Von dieser Karte sind weltweit nur eintausend Exemplare im Umlauf. Die werden gegenwärtig mit vierhundert Mark pro Stück gehandelt. Markus begnügte sich mit einem "Mangrovensumpf"; der kostet zwanzig Mark. ...Der Erwerb eines kompletten Satzes, schätzt Fachhändler Christian Seipelt, dürfte etwa zwanzigtausend Mark kosten - falls man ihn überhaupt zusammenbekommt...."

(1) Das Sammeln von Bildern in Alben ist in der Regel zumindest einigen Schülern bekannt. Diese können darüber berichten. Eine weitere Möglichkeit ist das Lesen obigen Zeitungsausschnitts oder/und das Mitbringen eines Sammelbilderalbums oder/und sogar der Besuch eines einschlägigen Geschäftes. Die Frage nach der Sammeldauer bis zu einem vollständigen Album muss möglicherweise vom Lehrer initiiert werden. Die Problemstellung (siehe oben) wird formuliert.

(2) Nun geht es um die Analyse des Problems. Diese führt erfahrungsgemäß schnell auf einen ersten Lösungsansatz.

Modellbildung
a) Beschränkung der verschiedenen Sammelbilder auf die Anzahl 6 und damit
b) auf die Möglichkeit der Simulation des Vorgangs mit Hilfe eines Würfels.
c) Wie oft muss bis zu einem vollständigen Satz gewürfelt werden?
d) Häufige Wiederholung von (c) führt zu vielen Ergebnissen.
e) Von diesen Ergebnissen wird das arithmetische Mittel gebildet.

Wir erstellen Würfelprotokolle (Partnerarbeit), z.B.

Würfe (10 Wurfserien)	Anzahl der Würfe
6 5 5 4 3 4 3 3 3 6 6 4 5 4 4 2 1	17
3 5 6 5 6 1 3 6 6 1 4 3 2	13
4 2 4 4 2 5 5 1 5 5 3 6	12
5 4 3 1 4 1 5 2 1 5 1 1 5 4 1 3 3 1 5 2 6	21
6 1 1 5 6 3 6 3 1 1 6 1 1 4 1 1 3 1 2	19
5 1 3 5 6 2 1 5 3 3 3 2 5 1 1 3 4	17
3 5 5 1 6 4 2	7
5 5 2 6 5 4 2 4 5 2 4 4 4 5 5 4 2 1	18
2 5 3 2 5 2 2 6 1 6 2 1 5 1 4	15
4 5 1 2 6 3	6
Mittelwert	14.5, also etwa 14 Würfe.

Auswertung:
Weitere, wieder zusammengefaßte Wurfserien werden ähnliche Mittelwerte ergeben. Damit weiß man zumindest näherungsweise, mit welcher Sammeldauer man rechnen muss. Die einzelnen Wurfserien zeigen aber auch, dass die Anzahlen der Würfe bis zu einem vollständigen Satz sehr unterschiedlich sind. Die Serienlängen reichen bei obigem Beispiel immerhin von 6 (absolutes Minimum) bis 21. Damit gewinnen die Schüler sehr anschaulich einen Zugang zum *Begriff des Zufallsexperiments* (siehe Glossar).

Vertiefung der Analyse - Übergangsgraph

Aufgabe:
Wir betrachten z.B. die Wurfserie 5 4 3 1 4 1 5 2 1 5 1 1 5 4 1 3 3 1 5 2 6 (21 Würfe) und fragen nach einer geeigneten grafischen Darstellung des Würfelvorgangs.

Darstellung als Übergangsgraph

Z0 ist *Anfangszustand* Weitere *Zustände*

```
Z0        Z1          Z2          Z3          Z4          Z5          Z6
      ---------   ---------   ---------   ---------   ---------   ---------
-->   |Bild 5 |   |Bild 4 |   |Bild 3 |   |Bild 1 |   |Bild 2 |   |Bild 6 |
      |       |—> |       |—> |       |—> |       |—> |       |—> |       |
      ---------   ---------   ---------   ---------   ---------   ---------
       |    |      |    |      |    |      |    |      |    |
       |_<__|      |_<__|      |_<__|      |_<__|      |_<__|
```

Warteschleifen mit den Bildern 1 5 2 | 1 5 1 1 5 4 1 3 3 1 5 2

snv snv snv snv snv sv

snv: Satz nicht voll; sv: Satz voll

Abb. 4.1.1: *Übergangsgraph* zur Wurfserie 5 4 3 1 4 1 5 2 1 5 1 1 5 4 1 3 3 1 5 2 6

Die Begriffe *Übergangsgraph, Zustand, Warteschleife, Anfangszustand, Endzustand* können beiläufig ohne besondere Definitionen eingeführt werden.

Aufgabe 4.1.1:
Stellen Sie zwei weitere Wurfserien in Übergangsgraphen dar! Vergleichen Sie die Übergangsgraphen miteinander.

Aufgabe 4.1.2:
Stellen Sie die Wurfserie von Abb.4.1.1 in einem Koordinatensystem dar.
Hinweis: Horizontale Achse: Anzahl der Würfe, vertikale Achse: gewürfelte Zahl.

Für den weiteren Ablauf der Untersuchungen ist die folgende Aufgabe besonders wichtig!

Aufgabe 4.1.3:
Die verschiedenen Wurfserien haben gezeigt, dass man immer wieder in Warteschleifen hineingerät, bevor das nächste gesuchte Bild gezogen wird. Und diese Warteschleifen werden offenbar mit zunehmender Anzahl passender Bilder immer länger. Am Anfang geht es dagegen in der Regel schnell weiter.
a) Woran liegt das?
b) Geben Sie die Wahrscheinlichkeiten für das Verharren in einem Zustand bzw. für den Übergang zum nächsten Zustand an!

Aufgabe 4.1.4:
Erläutern Sie Abbildung 4.1.2!

Die beim Sammelbilder-Automaten geltenden Wahrscheinlichkeiten können mit den jeweils erfolgenden Zustandsänderungen durch einen *Übergangsgraphen* angegeben werden:

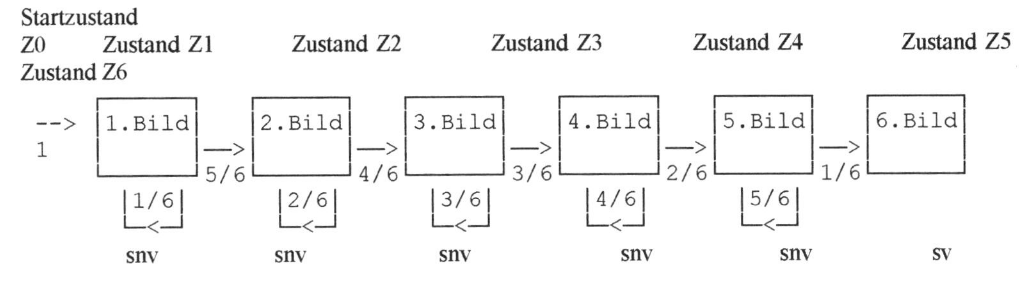

Abb.4.1.2: Übergangsgraph mit Übergangswahrscheinlichkeiten

Simulation mit Computerhilfe

Mehr Sicherheit für die mittlere Sammeldauer darf man sich von längeren Versuchsserien versprechen. Dafür lässt sich gut der Computer einsetzen,

- über ein eigenes kleines Simulationsprogramm oder
- über eine fertige Software.

Es ergeben sich schnell zwei Fragen:
1) Wie erzeugt man die Würfelzahlen (allgemein Zufallszahlen) mit Hilfe des Computers?
2) Wie erkennt der Computer, welche Bilder er schon gezogen hat?

Hier bietet sich eine gute Möglichkeit, das Verfahren der Simulation einzuführen.
Wo bekommen wir die Zufallszahlen her? Gegebenenfalls kann man hier auf Kap.5 zurückgreifen.

Offenbar ist ein Würfel bei der Bilderanzahl 6 besonders gut geeignet:

```
bildzähler:=0; anzahl_der_versuche:=0;

Wiederhole
        Wirf einen Würfel
        anzahl_der_versuche:= anzahl_der_versuche + 1

        Ist es eine bisher noch nicht gewürfelte Zahl?
        wenn ja : bildzähler:=bildzähler+1;
bis bildzähler=6 (bis der Satz voll ist  mit 6 unterschiedlichen Würfelzahlen)

Ausgabe: anzahl_der_versuche
```

Abb.4.1.3: Algorithmus für die Simulation des 6-Sammelbilderproblems

Nun könnte ein Exkurs über Möglichkeiten der Erzeugung von Zufallszahlen folgen, denn das Verfahren der Simulation mit Hilfe von Zufallszahlen wird häufig verwendet. Hierzu wird auf die Informationen über Zufallszahlen in Kapitel 5, im Glossar und auf die anderen Anwendungen im Buch verwiesen.

Die Anwendung eines fertigen Simulationsprogramms lieferte:

```
Simulation des Sammelbilderproblems                Programmname: SAMMEL-A.PAS

Bitte geben Sie die Anzahl der verschiedenen Bilder an [2 bis 99] : 10
Ausgabe der gezogenen Bilder?  j

Bilder in gezogener Reihenfolge:
03 06 05 07 06    03 07 03 04 09    02 05 08 01 02    04 02 03 06 10
Das Buch mit 10 verschiedenen Bildern war nach dem Kauf von 20 Bildern voll.
Nochmal ?  j

10 02 10 05 05    09 01 02 04 01    04 06 03 06 06    05 04 07 10 06
03 02 02 02 02    06 07 06 10 06    08
Das Buch mit 10 verschiedenen Bildern war nach dem Kauf von 31 Bildern voll.
```

Abb.4.1.4: Programmlauf einer Sammelbilder-Simulation, 10 Bilder

Aufgabe 4.1.5:
Wie ändert sich der Algorithmus von Abbildung 4.1.3, wenn der Sammelbildersatz aus 3,4,5,7 bzw. allgemein m Sammelbildern besteht?

Aufgabe 4.1.6:
Führen Sie Sammelbild-Simulationen für andere Sammelbilder-Anzahlen durch. Benutzen Sie geeignete Zufallsgeräte (Münze, Würfel (geeignet bekleben), Taschenrechner (Random-Taste), Ziehen aus einer Urne).

Aufgabe 4.1.7:
Schreiben Sie ein Computerprogramm, mit dem man das Sammelbildproblem mit beliebigen Sammelbilder-Anzahlen simulieren kann. Führen Sie Programm-läufe durch und erstellen Sie eine Tabelle der Form

Anzahl der Sammelbilder	1	2	3	4	5	6	7	8
Schritte bis zum vollen Satz (im Mittel bei je 10 Versuchen)	?	?	?	?	?	?	?	?

4.2 Die geometrische Verteilung und die Herleitung ihres Erwartungswertes

Einführung der geometrischen Verteilung

Betrachtet man Abbildung 4.1.2, so erkennt man, daß sich 5-mal eine im Prinzip gleiche Situation wiederholt: *In einem Zustand warten, bis sich ein Erfolg einstellt.*

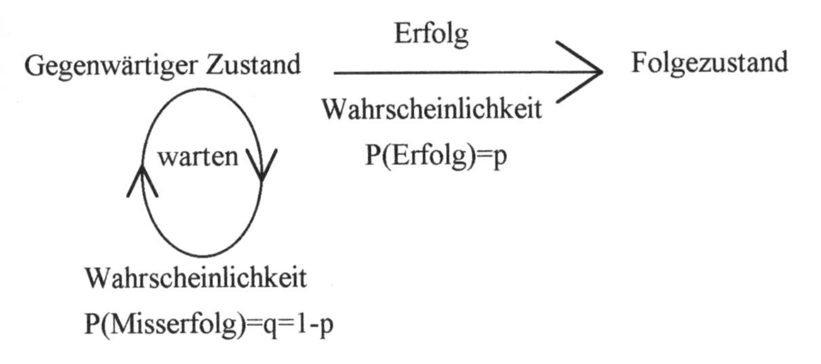

Abb.4.2.1: Warten auf Erfolg

Das Warten bis zu einem Erfolg kann lange dauern, insbesondere wenn die Wahrscheinlichkeit p(Erfolg) sehr klein ist! Für das Warten auf eines der Sammelbilder gilt:

Anzahl n der Schritte bis zum Erfolg	1	2	3	4	... n	...
Dann ist die Wahrscheinlichkeit für den Erfolg nach n Schritten	p	qp	q^2p	q^3p	... $q^{n-1}p$	...

Die durch diese Tabelle definierte Verteilung bezeichnet man als *geometrische Verteilung*. Für diese gilt also $P_n = q^{n-1}p = (1-p)^{n-1}p$.

Zum Beispiel gilt für n=4 : 3 mal Misserfolg, Wahrscheinlichkeit $qqq = q^3$,
dann Erfolg, Wahrscheinlichkeit $P_4 = q^3p$.

Die Überlegungen lassen sich auch an einem Baumdiagramm durchführen.

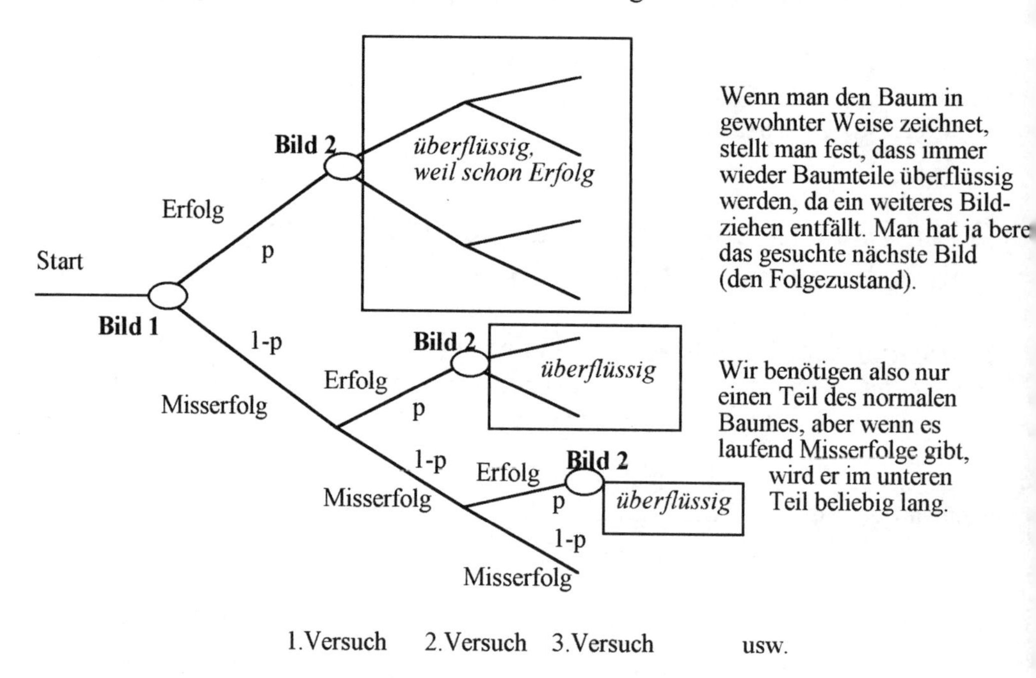

Abb.4.2.2: *Baumdiagramm* für die geometrische Verteilung, Warten auf Erfolg

Für das Warten auf das zweite Sammelbild (p = 5/6) gilt:

Anzahl n der Schritte bis zum Erfolg	1	2	3	4	... m	...
Die Wahrscheinlichkeit für den Erfolg nach m Schritten ist	5/6 0.833	5/36 0.139	5/216 0.023	$5/6^4$ 0.004	... $5/6^m$	...

Für das Warten auf das letzte (sechste) Sammelbild (p = 1/6) gilt:

Anzahl n der Schritte bis zum Erfolg,	1	2	3	4	... m	...
Die Wahrscheinlichkeit für den Erfolg nach m Schritten ist	1/6	5/36	25/216	$125/6^4$	... $5^{m-1}/6^m$	..
	0.167	0.139	0.116	0.096		

Wir stellen diese Verteilung grafisch dar (Querverbindung zur Analysis!).
Hinweis: Zur besseren Lesbarkeit wurden die einzelnen Punkte unerlaubterweise verbunden.

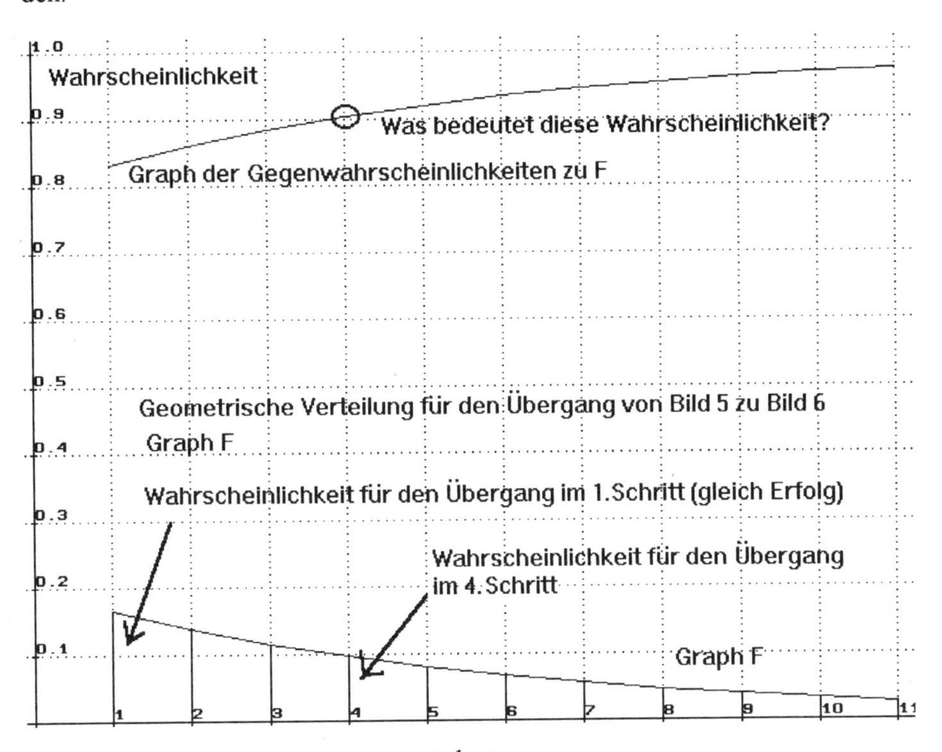

Abb. 4.2.3: Geometrische Verteilung $F = 5^{n-1}/6^n$ für das 5.Bild, Wahrscheinlichkeiten für den Übergang zum 6.Bild

Aufgabe 4.2.1: Interpretieren Sie den oberen Graphen.

Für die einzelnen geometrischen Verteilungen gelten die Formeln:
Warten auf Erfolg beim
2.Bild: $f_2(n) = 5/6*(1-5/6)^{n-1}$, 3.Bild: $f_3(n) = 4/6*(1-4/6)^{n-1}$,
4.Bild: $f_4(n) = 3/6*(1-3/6)^{n-1}$, 5.Bild: $f_5(n) = 2/6*(1-2/6)^{n-1}$,
6.Bild: $f_6(n) = 1/6*(1-1/6)^{n-1}$. Hinweis: Das 1.Bild wird sofort gezogen.
Für das Warten auf das 2.Bild, mit Erfolg im n-ten Schritt, gilt also die Erfolgswahrscheinlichkeit $f_2(n)$.

Dargestellt in Wertetafeln:

Schrittanzahl bis zum Erfolg	Geometrische Verteilung für 2.Bild	3.Bild	4.Bild	5.Bild	6.Bild	
1	0.8333	0.6667	0.5000	0.3333	0.1667	
2	0.1389	0.2222	0.2500	0.2222	0.1389	
3	0.0231	0.0741	0.1250	0.1481	0.1157	
4	0.0039	0.0247	0.0625	0.0988	0.0965	
5	0.0006	0.0082	0.0313	0.0658	0.0804	
6	0.0001	0.0027	0.0156	0.0439	0.0670	
7	0.0000	0.0009	0.0078	0.0293	0.0558	
8	0.0000	0.0003	0.0039	0.0195	0.0465	(*)

Die Werte der einzelnen geometrischen Verteilungen lassen sich jeweils in den Spalten der Tabelle ablesen. An jeder der Spalten sieht man u.a., dass ein Verbleiben im gegenwärtigen Zustand (selbstverständlich) immer unwahrscheinlicher wird. Bei einer zeilenweisen Auswertung erkennt man beispielsweise an Zeile (*), dass man im 8.Schritt beim Übergang vom 5.Bild zum 6.Bild länger (mit größerer Wahrscheinlichkeit) warten muss (mit 0.0465), als beim Übergang vom 2.Bild zum 3.Bild (mit 0.0003).

Der Erwartungswert der geometrischen Verteilung

Besinnen wir uns auf die eigentliche Problemstellung. Wie oft müssen wir im Mittel Bilder kaufen, bis der Satz voll ist?

Der Begriff des Mittelwerts (arithmetischen Mittel) ist den Schülern bekannt. Schließlich wird er ständig bei der Berechnung des „Durchschnitts" einer Klassenarbeit benutzt.

Beispiel:

Zensur	1	2	3	4	5	6
Anzahl	2	5	8	6	4	1

Mittelwert m = (1*2 + 2*5 + 3*8 + 4*6 + 5*4 + 6*1) / (2+5++8+6+4+1) =
m = 86 / 26 ~ 3.3.

An diese Vorkenntnisse kann gut angeknüpft werden, um zum *Erwartungswert einer Zufallsvariablen zu gelangen* (Definition siehe Glossar Teil A).

Hinweis: An dieser Stelle kann man auch den Begriff der Zufallsvariablen einführen, siehe Glossar. Man definiert hier die *Zufallsvariable X* als Anzahl der Schritte bis zum Erfolg und kann dann statt P_n auch P(X=n) schreiben: Wahrscheinlichkeit, dass die Zufallsvariable den Wert n annimmt (dass n Schritte bis zum Erfolg benötigt werden).

Im Fall des Übergangs von 1. zum 2.Sammelbild gilt die Verteilung (siehe Seite 72):

Anzahl i der Schritte bis zum Erfolg	1	2	3	4	... n	...
Wahrscheinlichkeit **P(X=i)** für den Erfolg nach i Schritten	5/6 0.833	5/36 0.139	5/216 0.023	$5/6^4$ 0.004	... $5/6^n$	...

Für den Erwartungswert der Zufallsvariablen X=i (für die „mittlere" Anzahl der Schritte für den Übergäng von Zustand „Bild 1" zu Zustand „Bild 2") gilt:

$E(X) = 1*5/6 + 2* 5/6^2 + 3*5/6^3 + 4*5/6^4 + ... + n*5/6^n + ...$

Und allgemein:

Anzahl i der Schritte bis zum Erfolg	1	2	3	4	... n	...
Wahrscheinlichkeit **P(X=i)** für den Erfolg nach n Schritten	p	qp	q^2p	q^3p	... $q^{n-1}p$	...

$E(X) = 1p + 2qp + 3q^2p + 4q^3p + ... + nq^{n-1}p + ...$

Passendes Abbrechen der Reihe liefert bereits einen Näherungswert mit gewünschter Genauigkeit. Nach etlichen Umformungen - vorwiegend durch Verwendung unendlicher geometrischer Reihen - wird sich zeigen, dass gilt:

Der *Erwartungswert der geometrischen Verteilung* $P(X=n) = (1-p)^{n-1}p$, n=1,2,... ist $E(X) = 1/p$.

Beweis:

$E(X) = 1p + 2qp + 3q^2p + 4q^3p + ... + nq^{n-1}p + ...$

$$\begin{aligned} E(X) = p\,[1 &+ q + q^2 + q^3 + q^4 + ... \\ &+ q + q^2 + q^3 + q^4 + ... \\ &+ q^2 + q^3 + q^4 + ... \\ &+ q^3 + q^4 + ... \\ &+ ...] \end{aligned}$$

Durch (erlaubtes) Umordnen ergeben sich lauter unendliche geometrische Reihen. Mehrfaches Anwenden der Summenformel für unendliche geometrische Reihen liefert:

$E(X) = p * [1/(1-q) + q/(1-q) + q^2/(1-q) + q^3/(1-q) + q^4/(1-q) + ...]$

$E(X) = p/(1-q) * [1 + q + q^2 + q^3 + q^4 + ...]$

$E(X) = p/p * [1 + q + q^2 + q^3 + q^4 + ...]$

$E(X) = [1 + q + q^2 + q^3 + q^4 + ...]$

$E(X) = 1/(1-q) = 1/p$ wie oben behauptet.

Der Erwartungswert beim Sammelbilderproblem

Wir wenden das Ergebnis 1/p für den Erwartungswert der geometrischen Verteilung nun auf unser 6-Sammelbilder-Problem an:

```
Z0        Z1            Z2            Z3            Z4            Z5            Z6
--> |1.Bild|  —>  |2.Bild|  —>  |3.Bild|  —>  |4.Bild|  —>  |5.Bild|  —>  |6.Bild|
 1           5/6           4/6           3/6           2/6           1/6
     |1/6|         |2/6|         |3/6|         |4/6|         |5/6|
      <-            <-            <-            <-            <-
```

1   6/5   6/4   6/3   6/2   6/1

Das sind die Erwartungswerte für das Erreichen der einzelnen Zustände.

Für den Gesamterwartungswert (vollständiger Satz!) erhalten wir durch Addition der einzelnen Erwartungswerte (Begründung siehe Glossar Teil A, „Erwartungswert"):

$E_6(X) = 6/6 + 6/5 + 6/4 + 6/3 + 6/2 + 6/1$

$E_6(X) = 1 + 1.2 + 1.5 + 2 + 3 + 6 = 14.7.$

Die Theorie ergibt also: Bei 6 Sammelbildern muss man im Mittel 14.7 (etwa 15) Bilder kaufen, um einen vollständigen Satz zusammen zu haben.

Verallgemeinerung: Erwartungswert für m Sammelbilder

```
Start --1--> Bild 1 --1-1/m--> Bild 2 --1-2/m--> Bild 3 --1-3/m--> ...... Bild (m-1) --1/m--> Bild m
             (1/m)             (2/m)             (3/m)                    ((m-1)/m)
```

X1   X2   X3   X4   X(m-1)   Xm

Das sind die Zufallsvariablen für die einzelnen Übergänge.

Abb. 4.2.4: Übergangsgraph für m Sammelbilder

$E_m(X) = m/m + m/(m-1) + m/(m-2) + \ldots + m/2 + m/1$ oder durch Ausklammern von m:

> Der Erwartungswert der Anzahl X der zu erwerbenden Bilder (bei m vorhandenen unterschiedlichen Sammelbildern) berechnet sich mit der Formel
> $E_m(X) = m (1 + 1/1 + 1/2 + 1/3 + 1/4 + \ldots + 1/m).$

Mit dieser Formel erhält man folgende Werte:

Bildanzahl	1	2	3	4	5	6	7	8	9
Erwartungswert	1	3	5.5	8.33	11.41	14.7	18.15	21.74	25.5

Damit ist das Ausgangsproblem gelöst; aber einige kritische Anmerkungen sind nötig.

Modellkritik für das Sammelbilderproblem

(1) Einige Feststellungen ergeben sich aus dem Vergleich der Aussagen des Zeitungsartikels aus Kap.4.1 mit der hier erfolgten Modellbildung!

(2) Man beachte: Alle Berechnungen erfolgten unter der Annahme, dass die verschiedenen Bilder gleichverteilt sind, dass also von jedem Bild die gleiche Anzahl in den Handel gebracht wurde!

(3) Was sagen die Erwartungswerte eigentlich aus? Nur wenn man sehr häufig sammelt (viele vollständige Sätze), wird man im Mittel auf diese Zahl kommen. Wenn also jedes Bild z.B. 1 DM kostet, so wird man seine Sätze z.B. für 17 DM, 7 DM, 21 DM, ... zusammenbringen, im Mittel werden es dann etwa 15 DM sein, die man pro Satz ausgegeben hat.

Aufgabe 4.2.2:
Errechnen Sie die Erwartungswerte für 10,11,12,...20 Sammelbilder.

Aufgabe 4.2.3:
Schreiben Sie ein Programm für die Berechnung der Erwartungswerte für m Sammelbilder.

Aufgabe 4.2.4:
Ein Satz von Sammelbildern bestehe aus nur 2 Bildern. Die Zugwahrscheinlichkeiten betragen für Bild A 90%, für Bild B 10%. Wie groß ist der Erwartungswert für einen vollständigen Satz?

Pfandflaschen

Nach der Herleitung der Formel für den Erwartungswert ergibt sich nun die Möglichkeit, die Überlegungen zum Sammelbilderproblem zu unterbrechen und verwandte Fragestellungen - in 4.1 wurden bereits einige genannt - zu untersuchen. Wir greifen das Pfandflaschenproblem heraus.
Was haben Pfandflaschen mit Sammelbildern zu tun? In 4.1 wurde bereits festgestellt:

Die Rückgabe und Wiederverwendung von Pfandflaschen:
Ereignis: Flasche wird zurückgegeben und wiederverwendet.
Gegenereignis: Flasche wird nicht zurückgegeben oder nicht wiederverwendet.

Damit ergibt sich die bekannte Situation

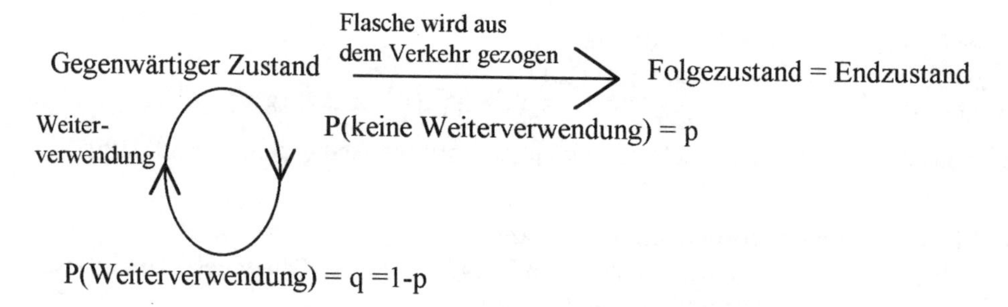

Dabei wird die Unabhängigkeit der Versuche und die stets gleiche Wahrscheinlichkeit p vorausgesetzt.

In [Grabinger, s.u.] werden einige interessante Daten aus der Praxis zur Problematik der Verwendung von Einweg- und Mehrwegflaschen zusammengestellt, die sich u.a. aus Anfragen bei Brauereien oder aus Veröffentlichungen des Bundesumweltamts ergeben haben. So wird z.B. festgestellt, dass die Mehrwegflasche der Einwegflasche überlegen ist im Energieverbrauch bei der Herstellung, Luft- und Umweltbelastung und dem Abfallaufkommen.

Literatur:

[Grabinger, Benno] Lebenslauf einer Pfandflasche, in: Materialien zum Mathematikunterricht mit Computer und DERIVE, Landesmedienzentrum Rheinland-Pfalz 1995

Daten von Brauereien:

A)
- Mehrweg-Bierflaschen werden ca. 40-50 mal benutzt.
- Eine Mehrweg-Bierflasche kostet im Einkauf 0.22 DM, Einwegflaschen sind teurer.
- Die Reinigung einer Flasche kostet 0.8 Pf.

B)
- Umlaufzeit einer Pfandflasche beträgt ca. 6 Wochen.
- Die durchschnittliche Rücklaufquote beträgt ca. 96% bis 98%.
- Im Lauf ihres Lebens kann eine Pfandflasche ca. 20 mal befüllt und in den Nutzungskreislauf gebracht werden.

Aufgabe 4.2.5:

Bei einem Verbrauch von 150 Liter Bier pro Bundesbürger kommt man bei Benutzung von Mehrwegflaschen mit durchschnittlich 50 Umläufen pro Flasche mit 6 Flaschen zu 0.5 Liter aus.

a) Wie verändert sich die Anzahl der Flaschen bei 20, 25, 30, 35, ... 55, 60 Umläufen pro Flasche?

b) Wieviel Büchsen zu 0.33 Liter benötigt man, wieviel Einwegflaschen zu 0.5 Liter?

Aufgabe 4.2.6:
Die Rückgabewahrscheinlichkeit einer Pfandflasche betrage 98%. Wie groß ist die Wahrscheinlichkeit, daß die Flasche
a) genau 10 (20,30) Umläufe erlebt?
b) nach 40 Umläufen aus dem Verkehr gezogen wird?
c) höchstens 10 Umläufe erlebt?
d) Welche mittlere Umlaufdauer haben Pfandflaschen, die die Rückgabewahrscheinlichkeit 98% besitzen?

Aufgabe 4.2.7:
Simulieren Sie die Probleme von Aufgabe 4.2.2.b und 4.2.2.d.

Aufgabe 4.2.8:
Versuchen Sie durch Rückfragen bei Herstellern von Mineralwasser Informationen über den Lebenslauf von Getränkekästen zu erhalten.

4.3 Lösung mit Hilfe von Übergangsmatrizen

Die beim Sammelbilder-Automaten geltenden Wahrscheinlichkeiten können mit den jeweils erfolgenden Zustandsänderungen durch einen *Übergangsgraphen* angegeben werden, siehe Abbildung 4.1.2. Die Zahlen sind die *Übergangswahrscheinlichkeiten* zwischen den Zuständen. Die Zustandswechsel werden durch diese Wahrscheinlichkeiten bestimmt. Befinden wir uns z.B. in Zustand Z_2, sind also schon 2 Bilder (Zahlen) des vollständigen Satzes vorhanden, so erfolgt nur dann ein Übergang zum Zustand Z_3, wenn eine der vier noch nicht gezogenen Zahlen erscheint. Die Wahrscheinlichkeit dafür beträgt 4/6, andernfalls bleiben wir im Zustand Z_2. Die Übergangswahrscheinlichkeiten können in einer *Übergangsmatrix* zusammengefasst werden:

	Z_0	Z_1	Z_2	Z_3	Z_4	Z_5	Z_6	
Z_0	0	1	0	0	0	0	0	
Z_1	0	1/6	5/6	0	0	0	0	
Z_2	0	0	2/6	4/6	0	0	0	
Z_3	0	0	0	3/6	3/6	0	0	= S (Potenz 1)
Z_4	0	0	0	0	4/6	2/6	0	
Z_5	0	0	0	0	0	5/6	1/6	
Z_6	0	0	0	0	0	0	1	

Durch Bilden von Potenzen der Übergangsmatrix erhalten wir weitere Informationen über die Abläufe. Zum Beispiel enthält S^2 die Wahrscheinlichkeiten für die zweistufigen Übergänge zwischen allen Zuständen.

Potenzen der Übergangsmatrix

	0	1	2	3	4	5	6
0	0.0000	0.1667	0.8333	0.0000	0.0000	0.0000	0.0000
1	0.0000	0.0278	0.4167	0.5556	0.0000	0.0000	0.0000
2	0.0000	0.0000	0.1111	0.5556	0.3333	0.0000	0.0000
3	0.0000	0.0000	0.0000	0.2500	0.5833	0.1667	0.0000
4	0.0000	0.0000	0.0000	0.0000	0.4444	0.5000	0.0556
5	0.0000	0.0000	0.0000	0.0000	0.0000	0.6944	0.3056
6	0.0000	0.0000	0.0000	0.0000	0.0000	0.0000	1.0000

$= S^2$

	0	1	2	3	4	5	6
0	0.0000	0.0278	0.4167	0.5556	0.0000	0.0000	0.0000
1	0.0000	0.0046	0.1620	0.5556	0.2778	0.0000	0.0000
2	0.0000	0.0000	0.0370	0.3519	0.5000	0.1111	0.0000
3	0.0000	0.0000	0.0000	0.1250	0.5139	0.3333	0.0278
4	0.0000	0.0000	0.0000	0.0000	0.2963	0.5648	0.1389
5	0.0000	0.0000	0.0000	0.0000	0.0000	0.5787	0.4213
6	0.0000	0.0000	0.0000	0.0000	0.0000	0.0000	1.0000

$= S^3$

	0	1	2	3	4	5	6
0	0.0000	0.0000	0.0003	0.0185	0.2031	0.5064	0.2718
1	0.0000	0.0000	0.0001	0.0094	0.1446	0.4897	0.3562
2	0.0000	0.0000	0.0000	0.0038	0.0924	0.4496	0.4541
3	0.0000	0.0000	0.0000	0.0010	0.0491	0.3834	0.5665
4	0.0000	0.0000	0.0000	0.0000	0.0173	0.2883	0.6943
5	0.0000	0.0000	0.0000	0.0000	0.0000	0.1615	0.8385
6	0.0000	0.0000	0.0000	0.0000	0.0000	0.0000	1.0000

$= S^{10}$

	0	1	2	3	4	5	6
0	0.0000	0.0000	0.0000	0.0000	0.0045	0.1475	0.8480
1	0.0000	0.0000	0.0000	0.0000	0.0030	0.1244	0.8726
2	0.0000	0.0000	0.0000	0.0000	0.0018	0.1007	0.8975
3	0.0000	0.0000	0.0000	0.0000	0.0009	0.0765	0.9226
4	0.0000	0.0000	0.0000	0.0000	0.0003	0.0516	0.9481
5	0.0000	0.0000	0.0000	0.0000	0.0000	0.0261	0.9739
6	0.0000	0.0000	0.0000	0.0000	0.0000	0.0000	1.0000

$= S^{20}$

An der 20.Potenz S^{20} erkennt man zum Beispiel (Zeile 1), dass man sich bei Start in Zustand 0 und bei 20 Übergängen bereits mit recht hoher Wahrscheinlichkeit (nämlich 0.8480) in Zustand 6 befindet. Steht man jedoch schon in Zustand 5, so ist die Wahrscheinlichkeit für den Übergang nach Zustand 6 schon 0.9739 (bei 20 Übergängen).

Über den Erwartungswert sagt das noch nichts aus. Um Aussagen hierüber zu erhalten, ist es günstig, die Matrix so umzuordnen, dass die absorbierenden Zustände (das sind die Zustände, die man nicht mehr verlassen kann) am Anfang stehen. Bei unserer Matrix ist es Zustand 6. Wir ordnen also entsprechend um, wobei die Nummern der Zustände erhalten bleiben. Neue Reihenfolge der Zustände: 6 0 1 2 3 4 5 .

Die neue (umgeordnete) Übergangsmatrix ist

Zustand	6	0	1	2	3	4	5	
6:	**1.0000**	*0.0000*	*0.0000*	*0.0000*	*0.0000*	*0.0000*	*0.0000*	
0:	*0.0000*	0.0000	1.0000	0.0000	0.0000	0.0000	0.0000	
1:	*0.0000*	0.0000	0.1667	0.8333	0.0000	0.0000	0.0000	
2:	*0.0000*	0.0000	0.0000	0.3333	0.6667	0.0000	0.0000	= T
3:	*0.0000*	0.0000	0.0000	0.0000	0.5000	0.5000	0.0000	
4:	*0.0000*	0.0000	0.0000	0.0000	0.0000	0.6667	0.3333	
5:	*0.1667*	0.0000	0.0000	0.0000	0.0000	0.0000	0.8333	

Wir haben damit die Matrix in 4 Blöcke zerlegt (was hier nicht so deutlich wird, wie bei anderen Problemen - schließlich gibt es hier nur einen absorbierenden Zustand).

Block 1: Übergänge zwischen den absorbierenden Zuständen (nur 0-en und 1-en), es entsteht eine *Einheitsmatrix.*	Block 2: Übergänge von absorbierenden zu nicht-absorbierenden Zuständen (nur 0-en) es entsteht eine *Nullmatrix.*
Block 3: Übergänge von nicht-absorbierenden zu absorbierenden Zuständen	Block 4: Übergänge von nicht-absorbierenden zu nicht-absorbierenden Zuständen

Potenz 20 hat nach der Umordnung folgende Form:

	6	0	1	2	3	4	5	
6	1.0000	0.0000	0.0000	0.0000	0.0000	0.0000	0.0000	
0	0.8480	0.0000	0.0000	0.0000	0.0000	0.0045	0.1475	
1	0.8726	0.0000	0.0000	0.0000	0.0000	0.0030	0.1244	
2	0.8975	0.0000	0.0000	0.0000	0.0000	0.0018	0.1007	
3	0.9226	0.0000	0.0000	0.0000	0.0000	0.0009	0.0765	$= T^{20}$
4	0.9481	0.0000	0.0000	0.0000	0.0000	0.0003	0.0516	
5	0.9739	0.0000	0.0000	0.0000	0.0000	0.0000	0.0261	

und man erkennt für Potenz 20 und immer höhere Potenzen:

Block 1 (Einheitsmatrix)	Block 2 (Nullmatrix)
Block 3 (Werte laufen gegen 1)	Block 4 (Werte laufen gegen 0)

Wir bilden nun die Summe der Potenzen der Block 4-Matrix (hier benötigt man wohl den Computer):

	0	1	2	3	4	5	
0:	0.0000	1.0000	0.0000	0.0000	0.0000	0.0000	
1:	0.0000	0.1667	0.8333	0.0000	0.0000	0.0000	
2:	0.0000	0.0000	0.3333	0.6667	0.0000	0.0000	
3:	0.0000	0.0000	0.0000	0.5000	0.5000	0.0000	= B
4:	0.0000	0.0000	0.0000	0.0000	0.6667	0.3333	
5:	0.0000	0.0000	0.0000	0.0000	0.0000	0.8333 ,	

Für z.B. $(B+B^2+B^3+...+B^{40})$ erhalten wir das Ergebnis

	0	1	2	3	4	5	
0:	0.0000	1.2000	1.5000	2.0000	3.0000	5.9796	
1:	0.0000	0.2000	1.5000	2.0000	3.0000	5.9830	
2:	0.0000	0.0000	0.5000	2.0000	3.0000	5.9864	
3:	0.0000	0.0000	0.0000	1.0000	3.0000	5.9898	$= (B+B^2+B^3+...+B^{40})$
4:	0.0000	0.0000	0.0000	0.0000	2.0000	5.9932	
5:	0.0000	0.0000	0.0000	0.0000	0.0000	4.9966	

Addieren wir nun noch die Einheitsmatrix gleichen Typs (6 Zeilen, 6 Spalten), um den jeweiligen Anfang zu berücksichtigen, so ergeben sich schon fast genau die bekannten Erwartungswerte:

	0	1	2	3	4	5	
0:	1.0000	1.2000	1.5000	2.0000	3.0000	5.9796	
1:	0.0000	1.2000	1.5000	2.0000	3.0000	5.9830	
2:	0.0000	0.0000	1.5000	2.0000	3.0000	5.9864	
3:	0.0000	0.0000	0.0000	2.0000	3.0000	5.9898	$= E + (B+B^2+B^3+...+B^{40})$
4:	0.0000	0.0000	0.0000	0.0000	3.0000	5.9932	
5:	0.0000	0.0000	0.0000	0.0000	0.0000	5.9966	

Diese Matrix gibt (näherungsweise) an, wie oft sich der Vorgang im Mittel in den einzelnen nicht-absorbierenden Zuständen befindet (bevor man den Folgezustand erreicht), wenn man in einem nicht-absorbierenden Zustand startet.

Wir sind 1-mal in Zustand 0, bevor wir Zustand 1 erreichen; wir sind im Mittel 1.2-mal in Zustand 1, bevor wir Zustand 2 erreichen, ... und wir sind im Mittel 6-mal in Zustand 5, bevor wir Zustand 6 erreichen. Das stimmt mit den in Kapitel 4.2 errechneten Werten überein. Der Erwartungswert bis zum vollständigen Satz ergibt sich dann wie in Kapitel 4.2 gehabt als Summe der Einzelerwartungswerte in der Zeile 0, also
$1+1.2+1.5+2+3+6 = 14.7$.

Weiterhin kann man aus der Matrix durch Bildung der anderen Zeilensummen ablesen, dass bis zur Absorption in Zustand 6 gilt:

Beginn in Zustand	0	1	2	3	4	5
E(nötige Schritte)	14.7	13.7	12.5	11	9	6

Vertiefung zur Matrizenrechnung

Hinweis: Dieser Abschnitt ist für Lehrer gedacht, die in diesem Bereich weiterarbeiten möchten. Es soll dargestellt werden, wie sich Matrizenpotenzen stochastischer Matrizen verhalten, wenn absorbierende Zustände vorhanden sind.

Wir gehen hier von einer (5,5)-Matrix S aus, die 2 absorbierende Zustände hat. Diese Matrix lässt sich dann durch die oben erwähnte Umordnung der Zustände auf die folgende Form bringen:

	absorbierende Zustände	nicht-absorbierende Zustände	
absorbierende Zustände	E(2,2) *Einheitsmatrix*	O(2,3) *Nullmatrix*	= S
nicht-absorbierende Zustände	A(3,2)	B(3,3)	

Dann ergibt sich für $S*S = S^2$ aufgrund der besonderen Matrixform:

		E(2,2)	O(2,3)
		A(3,2)	B(3,3)
E(2,2)	O(2,3)	E(2,2)*E(2,2)+O(2,3)*A(3,2)	E(2,2)*O(2,3)+O(2,3)*B(3,3)
A(3,2)	B(3,3)	A(3,2)*E(2,2)+B(3,3)*A(3,2)	A(3,2)*O(2,3)+B(3,3)*B(3,3)

*Matrix S*S = S^2*

Umformung:

A(3,2)*E(2,2)+B(3,3)*A(3,2)= A(3,2)+B(3,3)*A(3,2)= [E(3,3)+B(3,3)]*A(3,2) , also

E(2,2)	O(2,3)	= kurz	E	O	
[E(3,3)+B(3,3)]*A(3,2)	B(3,3)^2		[E´+B]*A	B^2	= S^2.

Man beachte: E hat in der Regel einen anderen Typ (hier (2,2)) als E´ (hier (3,3)).

Hinweis: Aus schreibtechnischen Gründen wird statt z.B. S^2 auch S^2 geschrieben.

Den Typ der Matrizen haben wir anfangs nur mitgeführt, um die Verknüpfbarkeit der Matrizen zu überprüfen. Ensprechend rechnet man nun S^3 ... S^n aus:

E	O
[E´+B+B^2]*A	B^3

= S^3

E	O
[E´+B+B^2+B^3+...+B^(n-1)]*A	B^n

= S^n

Formel für die n-te Potenz einer stochastischen Matrix mit absorbierenden Zuständen
(Anzahl der absorbierenden Zustände) = (Typ der Einheitsmatrix E)

Man kann nun weiter zeigen, dass (immer für stochastische Matrizen mit absorbierenden Zuständen) gilt:

lim [E´+B+B^2+B^3+...+B^(n-1)] = (E-B)$^{-1}$ (Inverse von (E´-B)) und
n→∞

lim B^n = O (Nullmatrix).
n→∞

Weiterhin haben wir schon oben gesehen, dass der Term [E´+B+B^2+B^3+...+B^(n-1)] für große n näherungsweise die Erwartungswerte für den Übergang von nicht-absorbierenden zu den nicht-absorbierenden Zuständen angibt, deren Summe dann der Ewartungswert für den Übergang zum absorbierenden Zustand ist. Man kann also diese Erwartungswerte exakt mit Hilfe der Inversen (E´-B)$^{-1}$ berechnen! In der Tat ergeben sich für unser obiges B(6,6) und E´(6,6) für die Inverse von (E´-B) folgende Werte:

	0	1	2	3	4	5
0:	1.0000	1.2000	1.5000	2.0000	3.0000	6.0000
1:	0.0000	1.2000	1.5000	2.0000	3.0000	6.0000
2:	0.0000	0.0000	1.5000	2.0000	3.0000	6.0000
3:	0.0000	0.0000	0.0000	2.0000	3.0000	6.0000
4:	0.0000	0.0000	0.0000	0.0000	3.0000	6.0000
5:	0.0000	0.0000	0.0000	0.0000	0.0000	6.0000

(Software MATRIX)

Das sind die exakten Erwartungswerte für die einzelnen Übergänge.

4.4 Der Sammelbilder-Automat

Die Automatentheorie ist ein wichtiges Teilgebiet der Informatik. Für den Mathematikunterricht sind die Informatik-Anteile aus der Automatentheorie allerdings weniger von Interesse. Für ihn ist der Sammelbilder-Automat eine besondere Form der Simulation des Sammelbilderproblems. So kann das Automatenprogramm SABI-6 (siehe Kapitel 4.6) zur Ermittlung von Wurfserien und Erwartungswerten (hier für den Sonderfall n=6 Bilder) benutzt werden. Sind in dem Kurs auch Informatikschüler vorhanden oder unterrichtet der Lehrer Informatik, so ergeben sich durch die Automaten-Sicht interessante fachübergreifende Aspekte.

In der Informatik wird folgendermaßen definiert:

Definition des endlichen Automaten:
Ein endlicher Automat ist ein 6-Tupel $A=(X,Y,Z,\delta,\lambda,Z_0)$, wobei
X: Eingabealphabet, Y: Ausgabealphabet, Z: Zustandsmenge
X,Y und Z sind nichtleere, endliche Mengen
δ: X x Z —> Z ist die Übergangsfunktion
λ: X x Z —> Y ist die Ausgabefunktion
$Z_0 \in Z$ ist der Anfangszustand

Im Informatikunterricht wurde der Sammelbilder-Automat für 6 Bilder mit der (farbigen) Oberfläche von Abb.4.4.1 entworfen. Die kursiv gedruckten Teile sind Ergebnisse einer Simulation.

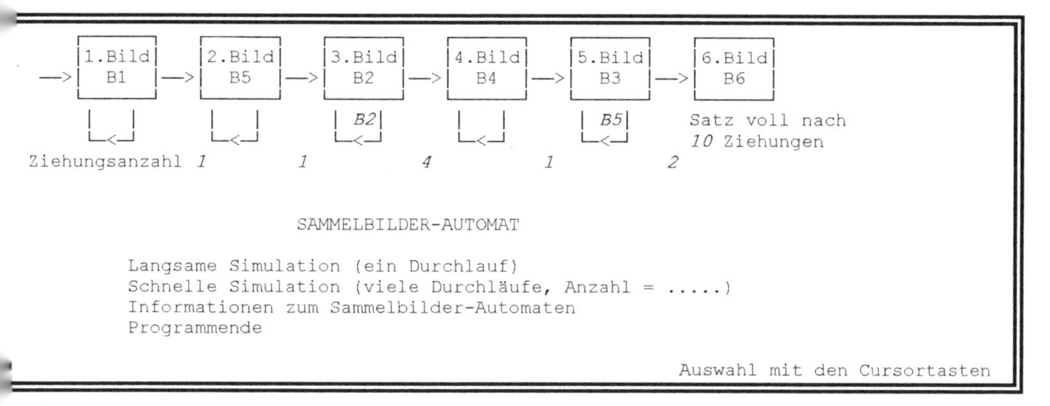

Abb.4.4.1: Sammelbilder-Automat für 6 Bilder

Der Sammelbilder-Automat ist definiert durch
X={B1,B2,B3,B4,B5,B6} (die gezogenen Bilder)
Y={Satz nicht voll, Satz voll} (die „Ausgaben"), kurz {snv, sv}
Z={Z_i / i=0,1,2,...6; i ist Anzahl der schon gesammelten verschiedenen Bilder}
Z_0: Der Anfangszustand liegt vor, wenn noch kein Bild gesammelt ist.
δ : Der Übergangsfunktion liegt die Menge aller Paare
{B1,B2,B3,B4,B5,B6} x $\{Z_0, Z_1, Z_2, Z_3, Z_4, Z_5, Z_6\}$ zugrunde. Jedes Paar führt zu einem neuen Zustand oder es wird im alten Zustand verharrt.
λ: {B1,B2,B3,B4,B5,B6} x $\{Z_0, Z_1, Z_2, Z_3, Z_4, Z_5, Z_6\}$ --> {snv, sv}

Das folgenden Protokoll erläutert den Vorgang:
Wir setzen den Automaten in Gang. Lassen wir z.B. gleich viele Durchläufe hintereinander durchführen (Option "Schnelle Simulation") - in diesem Beispiel 1000 Durchgänge, so erhalten wir den Erwartungswert von etwa 13 Ziehungen, ein Ergebnis, das sich auch theoretisch bestätigt.

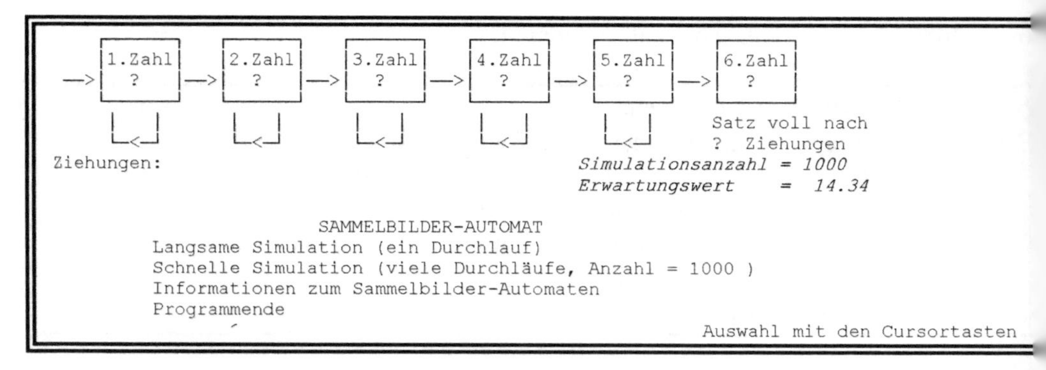

Abb. 4.4.2: Schnelle Simulation mit dem Programm SABI-6

4.5 Das Sammelbilderproblem als Projekt

Wie bereits in der Einleitung angedeutet, eignet sich das Sammelbilderproblem sehr gut, um es in projektartiger Arbeitsweise durchzuführen. Hierfür wird in Abbildung 4.5.2 ein (in dieser Form durchgeführter) Projektablauf notiert. Der Projektablauf wird hier in Phasen angegeben, die sich an dem Modell des Software-Life-Cycle aus der Informatik orientieren. Die einzelnen Phasen sollten immer wieder von Zwischenzusammenfassungen begleitet sein, wie in Abb.4.5.1 angedeutet.

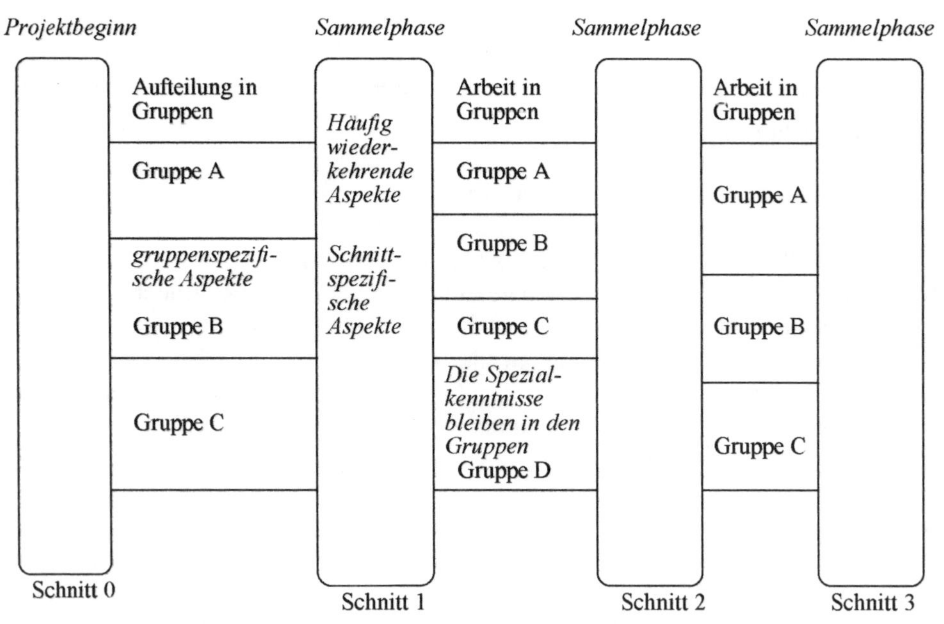

Abb.4.5.1: Unterbrechungen des Projektablaufs

Das Sammelbilder-Projekt - Projektablauf im Überblick (Dauer ca. 15 Stunden)

Istzustand 1 **Bestandsaufnahme:**	 Schülervorkenntnisse aus der Stochastik
Die Problemstellung:	Das Sammelbilderproblem
Istzustand 2 **Brainstorming:**	Was ist zum Thema bekannt? Erfahrungen der Schüler
Anforderungs- **definition:** **Anwendungsbezug:**	Präzisierung der Aufgabenstellung (Erwartungswert) Ähnliche Probleme aus anderen Bereichen
Entwurf und **Realisierung**	Lösungsansätze, Zerlegung in Teilprobleme *Das Team: Einteilung der Schüler in Gruppen* *Arbeit in den Gruppen:* Entwürfe, Realisierungen, Dokumentation Einschnitte: Vorstellen von Zwischenergebnissen Ergebnisaustausch, Erfahrungsaustausch, Informationen
Systemintegration	Vorstellung der Ergebnisse Zusammenfügen der Lösungen Zusammenfügen der Dokumentationen Erstellen einer Diskette mit Auswahlmenü, u.a.mit der Dokumentation und dem Programm „Sammelbilderautomat"
Benutzung des Programms	Sammlung von Ergebnissen, Überlegungen zum Einsatz des Programms in anderen Lerngruppen (Mathematik, Informatik, Informationstechnische Grundbildung)
Zusammenfassung, **Rückblick, Ausblick**	*Würdigung des Projektablaufs, Kritik* Bewusstmachen der verwendeten Hilfsmittel, Ordnen der benötigten Mathematik, Abrundung der verwendeten Mathematik, Modellkritik

Abb.4.5.2: Projektablauf

4.6 Hinweise zum Computereinsatz beim Sammelbilderproblem

Für einen eventuellen Computereinsatz bietet sich besonders die Simulation des Sammelbilderproblems an. Hierzu erfolgten einige Ausführungen bereits in Kap.4.1 (Verwendung des Programms SAMMEL-A). Der Sammelbilder-Automat von Kap.4.4 stellt im Prinzip ebenfalls eine Simulation dar, nun allerdings unter einer anderen Benutzeroberfläche und beschränkt auf den Fall n=6 Sammelbilder (Programm SABI-6). In Kap.4.3 kommen stochastische Matrizen zum Einsatz und hierfür kommt erneut das Programm MARKOW in Frage.

Unterrichtssoftware

SAMMEL-A	Simuliert das Sammelbilderproblem für unterschiedliche Bildanzahlen
SABI-6	Simuliert das Sammelbilderproblem in Form einer Automatenoberfläche, 6 Bilder
MARKOW	Errechnet u.a. den Erwartungswert mit Hilfe von Übergangsmatrizen, Ausführliches siehe Kapitel 2.9.

Bezug beim Autor, siehe Anhang über Disketten am Ende des Buches.

5. Simulation

Vorbemerkungen für den Lehrer

In diesem Buch werden in fast jedem Kapitel Problembearbeitungen durch Simulationen angeboten. In der Regel erweisen sich diese als elementare Einstiege. Sie erbringen ein erstes Verständnis der Problemstellung, Grundbegriffe können eingeführt werden, erste Antworten - wenn auch nur Näherungen - werden gegeben.

Kapitel 5.1 bietet nun Hintergrundinformationen für die Simulation der Probleme

- Kaufverhalten (Kapitel 2),
- Crap-Spiel (Kapitel 3),
- Sammelbilder (Kapitel 4).

Die Kapitel 5.2 und 5.3 sind als eigenständiger Einstieg in das Thema "Simulation" gedacht. Grundidee ist dabei die Anknüpfung an Problemstellungen aus der Analysis, die den Schülern vermutlich bekannt sind, bzw. ein sehr einfaches Geburtstagsproblem. Will man sich also auf das Lösen von Problemen mit den Methoden der Simulation konzentrieren, so kann man auf diverse Aufgabenstellungen in dem Buch zurückgreifen. Beispielsweise kann man folgendermaßen vorgehen:

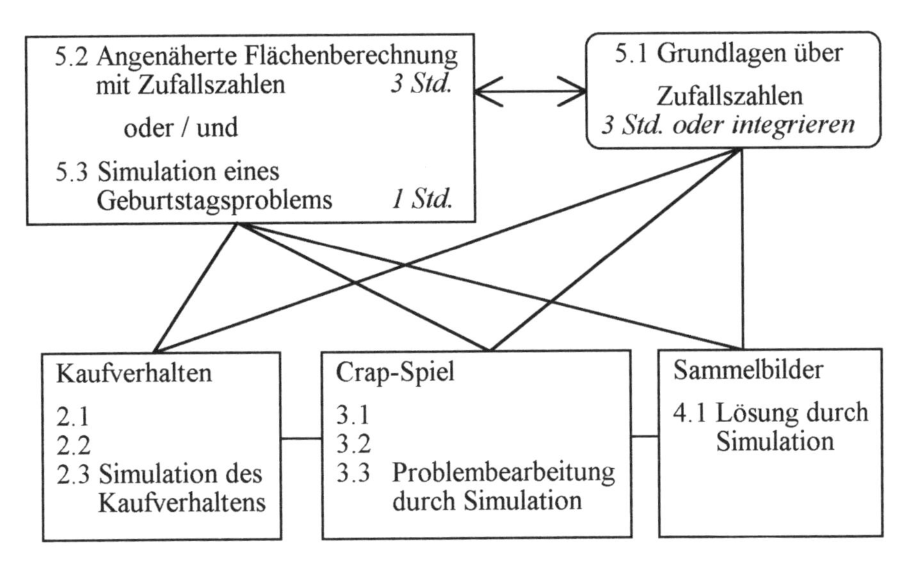

Zeitbedarf: Siehe in den einzelnen Kapiteln

5.1 Grundlagen über Zufallszahlen

Unter Simulation versteht man die Nachbildung von Vorgängen auf der Grundlage von Modellen. Viele Abläufe in der Wirklichkeit lassen sich aus diversen Gründen nicht erproben: Zu gefahrvoll, zu kostenintensiv, zu zeitaufwendig usw. Beispiele: Steuerung eines Flugzeugs, Ausbreitung von Krankheiten, Planung der optimalen Ortslage von Betrieben.
Uns interessiert hier besonders die *stochastische Simulation*, die durch die Verwendung von zufallsabhängigen Größen gekennzeichnet ist. Bei der *deterministischen Simulation* hingegen sind die in dem Modell auftretenden Größen genau definiert oder aufgrund mathematischer Formeln errechenbar.

Mit der Methode der Simulation
- hat man eine Bearbeitungsmöglichkeit von Problemen, die sich - zumindest in der Schule, vielleicht aber auch sonst - einer exakten rechnerischen Lösung entziehen.
- kann man spätere exakte Lösungen vorbereiten und motivieren.

Simulationen spielen inzwischen auch im Schulunterricht eine bedeutende Rolle:
Sie können in verschiedenen Fächern eingesetzt werden, so dass hier auch fächerübergreifende Aspekte eingebracht werden können. Selbstverständlich kann man die zur stochastischen Simulation nötigen Zufallszahlen auch ohne Computer erzeugen (würfeln, Glücksräder drehen, Zufallszahlentabellen benutzen, Telefonbuch verwenden usw.) und sollte das in einer Anfangsphase auch tun, ihre Tragweite gewinnt die Simulationsmethode jedoch erst durch den Einsatz des Computers.

Der Einsatz des Computers erfolgt hier insbesondere unter folgenden Aspekten:
- Veranschaulichung stochastischer Phänomene, z.B. der Stabilisierung von relativen Häufigkeiten,
- schnelle Bereitstellung umfangreichen Datenmaterials,
- Möglichkeit der sofortigen statistischen Auswertung der Daten in grafischer oder tabellarischer / numerischer Form durch den Computer,
- sofortige Anpassung an leicht geänderte Aufgabenstellungen, etwa durch Parameteränderungen.

Mit der Simulationsmethode kann der Schüler u.a.
- eine bessere Vorstellung von der Zufälligkeit von Ereignissen und vom Wahrscheinlichkeitsbegriff gewinnen,
- Grundbegriffe der Statistik kennenlernen,
- Verständnis für statistische Aussagen gewinnen,
- Kenntnisse über Verteilungen erwerben,
- besseres Verständnis kombinatorischer Zusammenhänge erlangen,
- Einsichten in theoretische Zusammenhänge und Kalküle gewinnen,
- Modellbildungen lernen.

Erzeugung von Zufallszahlen

Mit dem Taschenrechner oder Computer können nur *Pseudozufallszahlen* erzeugt werden. Diese weisen viele Eigenschaften echter Zufallszahlen (Würfel) auf, werden aber über geeignete Algorithmen berechnet. Es ist üblich, derartige Pseudozufallszahlen - wir sagen hier kurz Zufallszahlen - möglichst gleichverteilt für das Intervall [0,1[zu erzeugen und dieses dann geeignet auf die jeweils benötigte Menge von Zufallszahlen zu transformieren, siehe Abbildung 5.1. Auf den meisten Taschenrechnern befindet sich ein Zufallsgenerator. Beispielsweise ergeben sich durch Drücken der Taste RAN folgende Zufallszahlen:

0.894 0.016 0.438 0.693 0.346 0.643 0.276 0.413 0.623 0.557

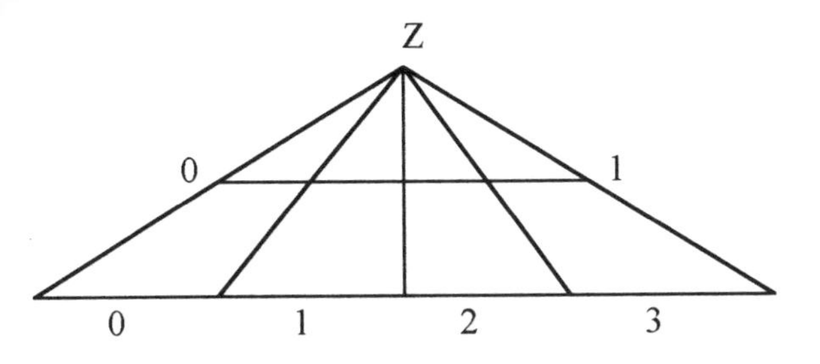

Das Intervall [0,1[wird abgebildet auf die Menge {0,1,2,3}.

Abb.5.1: Erzeugung der Zufallszahlen 0,1,2,3 aus dem Grundintervall [0,1[= {x reelle Zahl / $0 \le x < 1$}

Wenn die Zahlen 0,1,2,3 gleichverteilt vorkommen sollen, wird man also die Zufallszahlen aus dem Intervall so zuordnen:

Intervall	[0 ; 0.25 [	[0.25 ; 0.50 [	[0.50 ; 0.75 [	[0.75 ; 1.00 [
zugeordnete Zahl	0	1	2	3

Für die obige Zufallszahlenfolge erhält man also die Zuordnung

Zufallszahlen	0.894	0.016	0.438	0.693	0.346	0.643	0.276	0.413	0.623	0.557
Zuordnung	3	0	1	2	1	2	1	1	2	2

Diese Zuordnung kann man auch rechnerisch erfassen durch den Term Z=INT(R*4), wobei R Zufallszahl aus dem Intervall [0,1[ist.
So gilt z.B. INT(0.4561*4) = INT(1.8244) = 1, da die Funktion INT(x) nur die Vorkommastellen von x nimmt.

Für einen Würfel gilt also z:=INT(R*6) +1.

Formel für die Erzeugung gleichverteilter Zufallszahlen
Z = INT(R * n) R Zufallszahl aus dem Intervall [0,1[
p = 1/n Wahrscheinlichkeit jedes der Sektoren 0,1,..(n-1).

Wenn die Zahlen nicht gleichverteilt sind, etwa die 3 doppelt so häufig vorkommt wie die anderen Zahlen, hat man das Intervall [0;1[in 5 Teile zu zerlegen, für die 3 nimmt man dann 2 Teilintervalle. Für diesen komplizierteren Fall der *Nicht-Gleichverteilung* kann man eine Formel entwickeln, die sich z.B. am Glücksradmodell herleiten läßt. Zur Grundidee der Herleitung betrachte man das nach der Formel folgende Beispiel

Formel für die Erzeugung nicht-gleichverteilter Zufallszahlen

$$Z = INT(R+1-p_o) + INT(R+1-\sum_{i=0,1} p_i) + \ldots + INT(R+1-\sum_{i=0,1,2,..(n-1)} p_i)$$

R Zufallszahl aus dem Intervall [0,1[
p_i Wahrscheinlichkeiten der Sektoren 0,1,...(n-1).

Beispiel: Wir betrachten das folgende Glücksrad :

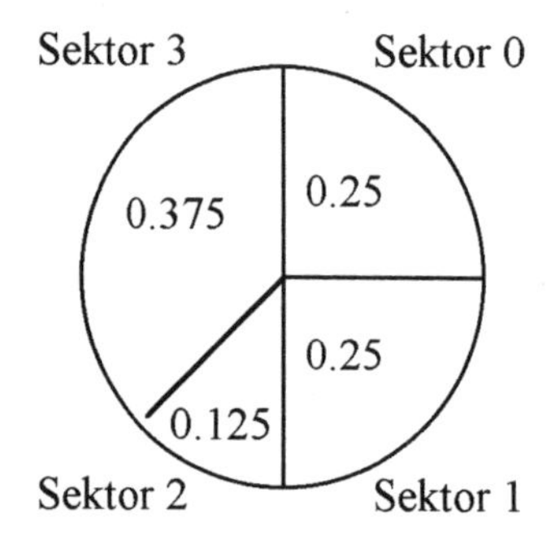

Sektor	0	1	2	3
Wahrscheinlichkeit	0.25	0.25	0.125	0.375

Es gilt also T=INT(R+1-0.25)+INT(R+1-0.5)+INT(R+1-0.625) bzw.
T=INT(R+0.75)+INT(R+0.5)+INT(R+0.375).

Für R=0.894 wird dann (siehe oben):
T=INT(0.894+0.75)+INT(0.894+0.5)+INT(0.894+0.375) = 1 + 1 + 1 = 3

Bei der Arbeit mit Zufallszahlen treten einige Fragen auf, die man je nach Intention im Unterricht angehen kann. Im einfachsten Fall nimmt man jedoch die Erzeugung der Zufallszahlen einfach so hin; dann ist RANDOM eine "Black Box", die nicht weiter hinterfragt wird.

- Wie werden Zufallszahlen (Pseudozufallszahlen!) erzeugt?
- Wie kann man die Güte der Zufallszahlen testen ?
  - grafische Veranschaulichung
  - numerische / theoretische Ansätze

Wir erläutern hier kurz die besonders häufig verwendeten Kongruenz-Zufallsgeneratoren, die auch für den Unterricht durch die Möglichkeit der Wahl von drei Parametern und einer Startzahl reiches Studienmaterial bieten.

Lineare Kongruenz-Zufallsgeneratoren haben die Form
$x_{n+1} = ax_n + b \pmod{m}$ $a,m \in N$; $b \in Z$; x_o Startzahl $\in N$.

Die Zahlen $z=x_n/m$ sind dann aus dem Intervall [0;1[.

Es ist sofort einsichtig und im Unterricht schnell ausprobiert, dass die Güte der Kongruenzgeneratoren von den gewählten Parameterwerten a,b,m abhängig ist. Gute Erfahrungen liegen z.B. mit den folgenden Werten vor:

a	b	m
35	7	1000001
33	7	100001

Zur Überprüfung der Güte eines Zufallszahlengenerators kommen u.a in Frage:
(1) Graphische Darstellung (Verteilung der Zufallszahlen)
(2) Rechnerische Untersuchung der Periodenlänge
(3) Rechnerische Untersuchung der Verteilung mit Hilfe von Testverfahren. Neben den leicht durchführbaren Tests auf Gleichverteilung in bestimmten Intervallen (Häufigkeitstest) und dem Test auf den Mittelwert hat sich der sogenannte Pokertest bewährt. Er erfordert etwas Kombinatorik.

Ein Programm, das die Periodenlänge untersucht, ergab in einem Testlauf:

*Werte für den Zufallsgenerator x:=a*x+b , mod m, eingeben:*
a = 27   b = 7   m = 101   x = 321

Wieviele Zufallszahlen? 200
0.8812 0.5941 0.8416 0.5248 0.9703 0.0000 0.0693 0.6733 0.9802 0.2673
0.0198 0.3366 0.8911 0.8614 0.0594 0.4059 0.7624 0.3861 0.2277 0.9505
0.4653 0.3663 0.6931 0.5149 0.7030 0.7822 0.9208 0.6634 0.7129 0.0495
0.1386 0.5446 0.5050 0.4356 0.5644 0.0396 0.8713 0.3267 0.6238 0.6436
0.1782 0.6139 0.3762 0.9604 0.7327 0.5842 0.5743 0.3069 0.0891 0.2079
0.4158 0.0297 0.6040 0.1089 0.7426 0.8515 0.7921 0.1881 0.8812 0.5941
Periode! Periodenlaenge: Von Feldelement 2 bis Feldelement 60

Hilfsmittel zur Erzeugung von Zufallszahlen

Als Hilfsmittel können zum Beispiel benutzt werden: Für

„Echte" Zufallszahlen: Würfel, Glücksrad, Münze, gezinkter Würfel, Spielkarten usw.
Pseudozufallszahlen: Taschenrechner, Computerprogramme

Zufallszahlentabelle

Gelegentlich werden Zufallszahlentabellen benutzt, die beispielsweise der Computer erzeugt hat. Aus diesen kann man dann je nach Aufgabenstellung Ziffernfolgen auswählen, z.B. aus der 3.Spalte die ersten zwei Nachkommastellen, wenn man Zufallszahlen von 0 bis 99 braucht:

Ab Nr.1

0.0057 0.2099 0.7667 0.3685 0.6338 0.4486 0.5996 0.1866 0.9035 0.4300
0.9111 0.7098 0.2606 0.6426 0.7761 0.7152 0.4612 0.0625 0.3126 0.5662
0.9497 0.1383 0.1172 0.3354 0.4087 0.1215 0.4956 0.3364 0.4468 0.5316
0.6677 0.7029 0.0083 0.3061 0.3261 0.0650 0.4036 0.9339 0.5548 0.5283
0.5456 0.1853 0.8551 0.6367 0.5563 0.5834 0.5853 0.6575 0.3270 0.0994

Ab Nr.51

0.6768 0.0407 0.5071 0.7634 0.2449 0.0613 0.2693 0.9645 0.6863 0.3919
0.4988 0.4555 0.8549 0.6326 0.4057 0.0116 0.4297 0.8985 0.2443 0.0388
0.4342 0.0665 0.4595 0.0011 0.0401 0.4831 0.8735 0.3208 0.8689 0.1480
0.4757 0.6009 0.2314 0.5600 0.7196 0.6232 0.0587 0.1705 0.3093 0.4441
0.4320 0.9851 0.4477 0.5656 0.9271 0.3032 0.2192 0.1086 0.0179 0.6628

Ab Nr.101

0.5231 0.3550 0.1350 0.9947 0.8040 0.7489 0.7106 0.2932 0.8473 0.3503
0.9604 0.5331 0.7243 0.7975 0.5066 0.7438 0.5193 0.2155 0.9739 0.0348
0.2877 0.6453 0.8756 0.3977 0.7164 0.5052 0.6916 0.5891 0.7955 0.4333
0.0332 0.2274 0.4138 0.3121 0.5459 0.1967 0.2794 0.3389 0.5404 0.9951
0.8185 0.2828 0.4651 0.2087 0.7201 0.6436 0.8116 0.0294 0.0875 0.2391

Ab Nr.151

0.0008 0.0254 0.8378 0.6466 0.3375 0.1363 0.4972 0.4060 0.3994 0.1813
0.9842 0.4782 0.7812 0.7794 0.7190 0.7272 0.9989 0.9646 0.8319 0.4511
0.8863 0.2470 0.1503 0.9608 0.7053 0.2748 0.0688 0.2718 0.9688 0.9689
0.9726 0.0957 0.1565 0.1646 0.4331 0.2920 0.6375 0.0373 0.2308 0.6165
0.3441 0.3565 0.7651 0.2479 0.1808 0.9659 0.8749 0.8722 0.7837 0.8631

Ab Nr.201

0.4807 0.8628 0.4735 0.6265 0.6753 0.2835 0.3544 0.6959 0.9654 0.8574
0.2929 0.6654 0.9575 0.5974 0.7127 0.5197 0.1513 0.9943 0.8128 0.8225
0.1421 0.6879 0.6993 0.0779 0.5708 0.8372 0.6277 0.7135 0.5445 0.9692
0.9828 0.4332 0.2969 0.7976 0.3200 0.5600 0.4790 0.8067 0.6201 0.4622
0.2518 0.3108 0.2576 0.5016 0.5542 0.2879 0.5014 0.5463 0.0277 0.9125

Ab Nr.251

0.1132 0.7342 0.2285 0.5418 0.8797 0.0317 0.0447 0.4735 0.6249 0.6230
0.5585 0.4306 0.2102 0.9368 0.9142 0.1673 0.5212 0.2007 0.6245 0.6101
0.1338 0.4153 0.7043 0.2404 0.9319 0.7538 0.8759 0.9046 0.8509 0.0811
0.6751 0.2795 0.2237 0.3835 0.6559 0.6431 0.2214 0.3074 0.1435 0.7370
0.3208 0.5877 0.3948 0.0295 0.9726 0.0973 0.2110 0.9615 0.7287 0.0480

Transformation von Zufallszahlen - dargestellt mit HL-PLOT10

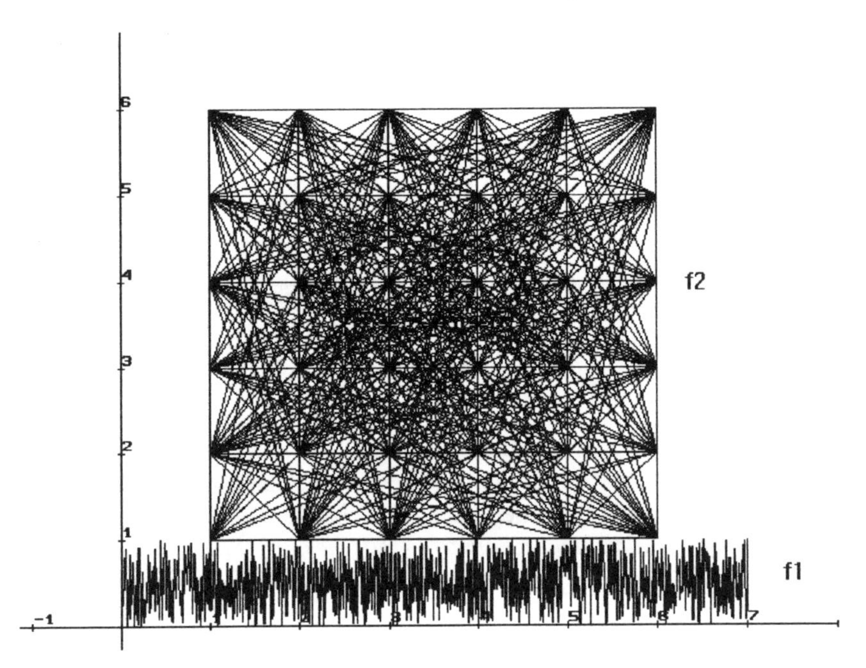

Abb.5.1.2: Transformation von Zufallszahlen mit PLOT10, 36 Zahlenpaare - Punkte verbunden

f 1: random — Zufallszahlen aus dem Intervall [0,1[

f 2: int(6*random)+1,int(6*random)+1 — Transformation: 36 Zahlenpaare {1,2,3,4,5,6} X {1,2,3,4,5,6}

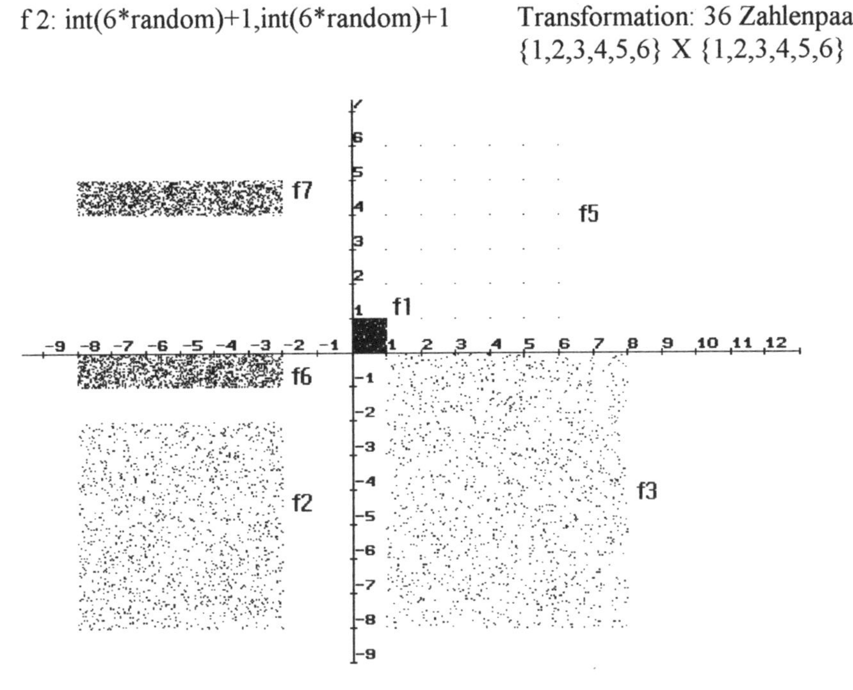

Abb.5.1.3: Transformation von Zufallszahlen mit PLOT10, Rechtecke

Programmierung
f 1: random,random
f 2: -2-6*random,-2-6*random
f 3: 1+7*random,0-8*random
f 4: int(5*random)+2, int(7*random)+3
f 5: int(6*random)+1,int(6*random)+1
f 6: -6*random-2,-x
f 7: -6*random-2,-x+5

5.2 Angenäherte Flächenberechnung mit Zufallszahlen - Monte-Carlo-Methode

Benötigte Grundbegriffe

Hier werden Begriffe aus der Stochastik und dem Umfeld der Anwendung genannt, die im Verlauf der der Unterrichtsreihe "Angenäherte Flächenberechnung mit Zufallszahlen" eingeführt werden sollten bzw. benutzt werden (falls schon bekannt).
Kenntnisse aus der Analysis (Flächenberechnung), Modellierung, Simulation, Zufallszahl, Zufallsexperiment, Simulationsalgorithmus, absolute Häufigkeit, relative Häufigkeit, Zufallszahlentabelle
Monte-Carlo-Methode: Simulation mit Zufallszahlen.

Das Problem

Gesucht ist der Inhalt der Fläche zwischen der x-Achse, dem Graphen der Funktion $f(x) = e$^(0.1*x^2) und den Geraden x=1 und x=3.

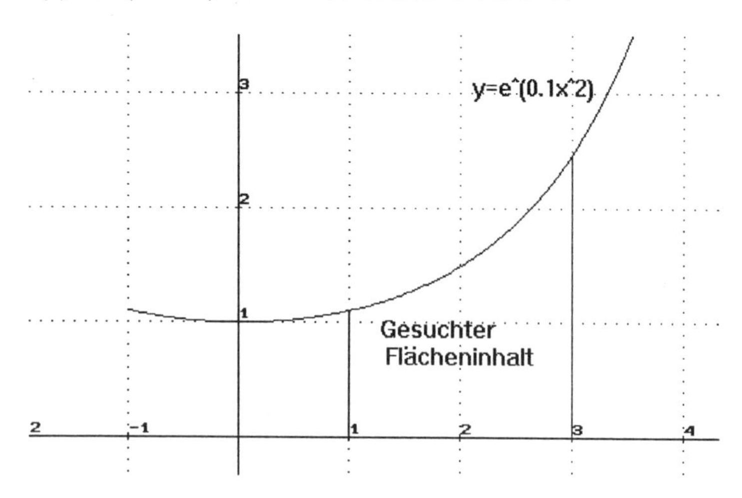

Abb. 5.2.1 : Der gesuchte Flächeninhalt

Vorbemerkungen für den Lehrer

Wenn die Schüler bereits Flächeninhalte mit Hilfe der Integralrechnung berechnet haben, werden sie hier mit dieser Methode scheitern. Sie müssen (falls bekannt) auf eine Näherungsmethode (z.B. Annäherung durch Rechtecke) zurückgreifen und lernen nun die Simulationsmethode neu kennen. Diese ist auch die elementarste Lösungsmöglichkeit, falls keine andere Methode bekannt ist.

Was bringt dieser Einstieg aus der Sicht der Stochastik?

- Das Verfahren der Modellbildung wird geübt.
- Der Umgang mit Zufallszahlen wird gelernt oder gefestigt und damit für weitere Probleme geübt.
- Die Simulations-Programmläufe ergeben in der Regel stets unterschiedliche Ergebnisse. Damit wird der Charakter des Zufallsexperiments deutlich im Gegensatz zu der rechnerischen Näherungslösung, z.B. über Rechteckflächen.
- Durch Vergleich mit exakteren Ergebnissen werden die Simulationsergebnisse „ins richtige Licht gerückt". Der Schüler erkennt, was man von einer Simulation erwarten kann und was nicht.

Begriffe:
Zufallsexperiment, Zufallszahl, Simulation,

Modellbildung - Lösung

Abbildung 5.2.2 zeigt die Grundidee: Wir lassen Zufallspunkte (Regentropfen) auf das Rechteck mit den Eckpunkten A(1,0), B(3,0), C(1, f(3)), D(3,f(3)) fallen. Diese werden sich gleichmäßig auf der Rechteckfläche verteilen und nun bleibt nur noch zu zählen, welcher Anteil auf die gesuchte Fläche fällt. Dann bilden wir das folgende Verhältnis

$$\frac{\text{Gesuchter Flächeninhalt}}{\text{Flächeninhalt des Rechtecks}} = \frac{\text{Anzahl der Zufallspunkte in der gesuchten Fläche}}{\text{Anzahl der Zufallspunkte im Rechteck}}$$

Dabei benötigt man für den Flächeninhalt des Rechtecks die Seitenlängen des Rechtecks, in unserem Fall gilt AB = 2 und CD = f(3) = e^(0.1*3*3).
Hinweis: In anderen Fällen arbeitet man mit dem Maximum (Minimum) der Funktion im betrachteten Intervall, da die Extremwerte nicht immer in den Intervallendpunkten liegen.

Für ein Programm ergibt sich folgender Simulationsalgorithmus:

1) Anzahl n der Zufallspunkte wählen
2) FR:=0 (noch kein Punkte im Rechteck)
FG:=0 (noch kein Punkt in der gesuchten Fläche)
3) Einen Zufallspunkt auf das Rechteck ABCD regnen lassen
4) Wenn Zufallspunkt in der gesuchten Fläche,
dann FR:=FR+1 und FG:=FG+1, sonst nur FR:=FR+1
5) Weiter bei 3) bis FR=n
*6) F:=f(3) * FG/FR berechnen und ausgeben*
(Näherungswert für den gesuchten Flächeninhalt)

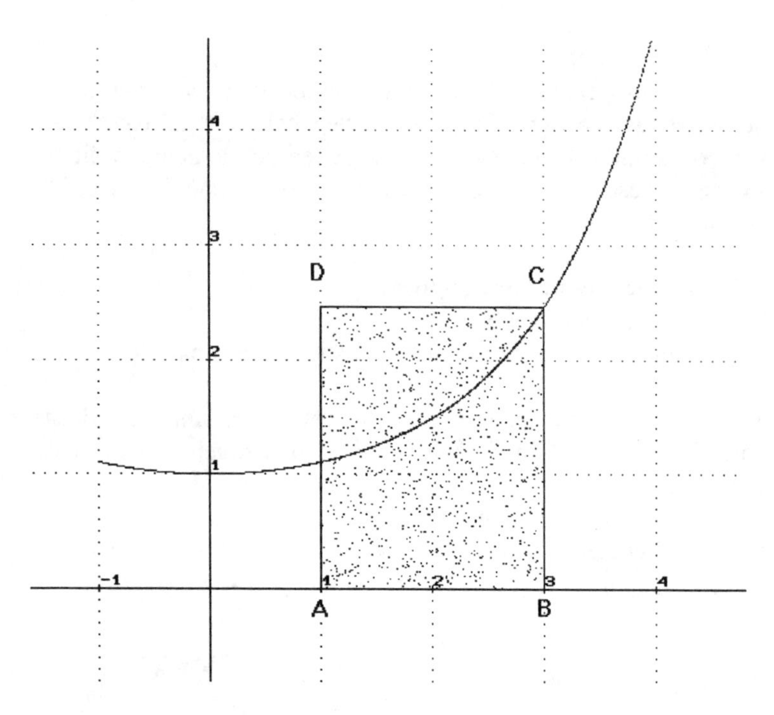

Abb. 5.2.2: Näherungsweise Flächeninhaltsberechnung durch Simulation

Die Demonstrationszeichnung von Abb.5.2.2 wurde mit dem Funktionenplotter PLOT10 erstellt, durch
f1: e^(0.1*a*a) f2: 0,1,f1(3) f3: 0,3,f1(3) f4: 1,f1(3),3,f1(3)
f5: 2*random+1,f1(3)*random

Wie treffen wir mit den Zufallspunkten ins Rechteck?
Dazu ist eine *Transformation der Zufallszahlen* aus dem Intervall [0,1[nötig (Kap.5.1).

Für die x-Werte: [0,1[--> [1,3[mit 2*random + 1.
Für die y-Werte: [0,1[--> [0,f(3)[mit f(3)*random.

Bleibt wohl nur noch das Problem, wie man entscheidet, ob der Zufallspunkt in der gesuchten Fläche liegt! - Der Zufallspunkt heiße (Zx,Zy). Wenn nun f(Zx) < Zy, dann liegt der Zufallspunkt in der gesuchten Fläche.

Die Simulation mit dem Programm AREA-Z, ein Zufallsexperiment

Funktionseingabe:	e^(0.1*x*x)
Intervallende links,	x_min = 1
Intervallende rechts,	x_max = 3
Wieviel Zufallszahlen?	n = 30000

Ergebnisse
Zufallspunkte = 30000 ; Treffer = 19252 ;
Schätzwert für den gesuchten Flächeninhalt = 3.1568

Es wurde folgendermaßen gerechnet:
F / (2*f(3)) = 19252 / 30000, wobei f(3) = e^(0.1*3*3) = e^0.9 = 2.4596, also
F = 3.1568 Flächeneinheiten.

Bei einem zweiten Programmlauf ergab sich:
Zufallspunkte = 30000 ; Treffer = 19363 ; geschätzter Flächeninhalt = 3.1750

Kontrollrechnung mit Rechteckflächen
Das Programm AREA-R rechnet die Teilrechtecke aus und kann zur Kontrolle dienen:
a= 1.0000 b= 3.0000 h= 0.0020 n= 1001. n gibt die Anzahl der Stützpunkte an,
h=0 bedeutet eine vom Computer zufällig gewählte Schrittweite.

Ergebnisse
Untersumme = 3.1700
Obersumme = 3.1727
Die Ergebnisse der Simulation und der Kontrollrechnung mit Rechtecken zeigen eine recht gute Übereinstimmung!

Aufgaben

An dieser Stelle können nun weitere Flächenberechnungen mit der Monte-Carlo-Methode stehen. Dabei sollte man öfter mit den exakten Werten vergleichen, die man bei geläufigeren Funktionen bzw. Relationen exakt gewinnen kann (Kreis, Sinus, Parabel, Hyperbel usw.). Bei den gegebenen Relationen müssen ggf. ihre Eigenschaften in dem betrachteten Intervall beachtet werden, um bei der Simulation zu vernünftigen Ergebnissen zu kommen (Stetigkeit, Nullstellen, Extremwerte usw.).

5.3 Simulation eines Geburtstagsproblems

Das Problem

In einem Kurs sind 25 Schüler. Wie groß ist die Wahrscheinlichkeit, dass von vier willkürlich herausgegriffenen Schülern mindestens zwei im gleichen Monat Geburtstag haben?

Vorbemerkungen für den Lehrer

Hier liegt eine kombinatorische Aufgabe vor, die man mit entsprechenden Hilfsmitteln leicht löst. Man hat zu rechnen:
Die Wahrscheinlichkeit, dass das obige Ereignis nicht auftritt, ist (12*11*10*9) / 12^4.
Die Wahrscheinlichkeit, dass das obige Ereignis auftritt, ist 1 - (12*11*10*9) / 12^4.
Es ergibt sich die Wahrscheinlichkeit von etwa 0.427.

Im Stochastik-Anfangsunterricht kennen die Schüler diesen Ansatz noch nicht. Also liegt Simulation nahe! Dabei können Grundbegriffe eingeführt werden, andere Probleme schließen sich an, bis später die exakte Lösung für die Schüler möglich wird.
Was ist für eine Simulation zu tun?

Modellbildung - Lösung

Wir drehen ein Glücksrad, das in 12 gleiche Sektoren eingeteilt ist. Jeder Sektor symbolisiert einen Monat. 4 Drehungen liefern uns für jeden Schüler einen Geburtsmonat. Jedes Zufallsexperiment liefert also ein 4-Tupel von Zahlen aus der Menge {1,2,... 12}. Nun bleibt in jedem 4-Tupel nur noch nachzusehen, ob mindestens 2 gleiche Geburtsmonate auftreten. Wenn ja: Erfolg! Wenn nein: Misserfolg!
Der Quotient *Anzahl der Erfolge / Anzahl der 4-Tupel* liefert bei einer genügend großen Anzahl von 4-Tupeln einen Näherungswert für die Problemlösung.

Beispiel (*Erfolge sind kursiv gedruckt*)

6 1 1 2   2 5 4 3   7 2 12 3   *6 3 4 6*
10 9 1 9   1 10 6 9   7 11 3 8   *2 11 11 3*
usw.

Für 80 ermittelte 4-Tupel ergaben sich 35 Erfolge, also P = 35/80 = 0.4375 (genauer 0.427, siehe oben).

Aufgabe 5.3.1:
In einer Schulklasse sind 25 Schüler. Wie groß ist die Wahrscheinlichkeit, dass mindestens zwei von ihnen am gleichen Tag geboren sind?

Aufgabe 5.3.2:
Ein Parkhaus hat 20 numerierte Abstellplätze mit den Nummer 1, 2, 3, ...20. Ein Autofahrer parkt täglich in dem Parkhaus und stellt sein Auto jedesmal zufällig auf einen der Plätze. Inzwischen sind 3 Monate (90 Tage) vergangen. - Bestimmen Sie durch Simulation die Anzahl der Abstellplätze, auf denen der Autofahrer 0,1,2,3,... mal gestanden hat.
Hinweis: Es wird vorausgesetzt, dass das Parkhaus immer leer ist, wenn der Autofahrer morgens kommt.

5.4 Computereinsatz bei Simulationen

Computereinsatz ist bei diesem Problem-Bearbeitungsverfahren weit verbreitet. Grundsätzliches wird schon in Kap. 5.1 gesagt.

(1) Eine Möglichkeit besteht im Konstruieren kleiner zielgerichteter, also extra für eine bestimmte Anwendung konzipierte Programme. Als Beispiel wird hier zunächst ein Programm genannt, mit dem man das Geburtstagsproblem von Kapitel 5.3 bearbeiten kann.

```
PROGRAM im_gleichen_monat_geburtstag;
USES Crt;
VAR i,j: INTEGER;
BEGIN
  Clrscr;
  Randomize;
  FOR i:=1 TO 20 DO          {für 20 4-Tupel}
  BEGIN
    FOR j:=1 to 4 DO WRITE(TRUNC(Random*12+1):6);      {Zahlen von 1 bis 12}
    Writeln;
  END;
  Readln;
END.                                      Programmiersprache: Turbo-PASCAL
```

(2) Eine zweite Möglichkeit ergibt sich aus der Tatsache, dass man viele Probleme durch Drehen eines Glücksrads bearbeiten kann. Die Einteilung des Glücksrads, die Anzahl der Drehungen (z.B. 5 für 5-Tupel), die Anzahl der Stichproben und die Ausgaben oder sogar die Auswertung (zählen!) könnten in einem fertigen **„Glücksradprogramm"** wünschenswerte Optionen sein, die problemgemäße Zufallszahlenerzeugung ermöglichen.

(3) Bei der angenäherten Flächenberechnung in Kap. 5.2 wurde das Programm AREA-Z benutzt, das die Eingabe von Funktionstermen und von Intervallgrenzen beinhaltet.

(4) Simulationen, die sich auf Markow-Ketten zurückführen lassen, können mit dem Softwaresystem MARKOW bearbeitet werden. Dieses enthält Optionen, die sich auf die Simulation von Ketten mit 2 und mehr Zuständen beziehen. Im vorliegenden Fall kann es für die Probleme „Kaufverhalten", „Crap-Spiel" und „Sammelbilder" benutzt werden.

Ausgewählte Software

MARKOW	bearbeitet Markow-Ketten, u.a. Simulation
AREA-Z	Flächenberechnung mit Zufallszahlen, mit Eingabe des Funktionsterms
GLUERAD	Zufallszahlen auf Glücksrädern

Bezug beim Autor, siehe Anhang über Disketten am Ende des Buches

Glossar - Grundbegriffe und Definitionen

In Teil A werden die Begriffe bewusst nicht alphabetisch aufgelistet. Es handelt sich um elementare Grundbegriffe. Die hier dargebotene Reihenfolge stellt gleichzeitig eine mögliche Abfolge der Begriffseinführung im Unterricht dar. Jedenfalls ist ein Begriff in der Regel von dem/den vorher genannten Begriff (en) abhängig. Teil B dagegen enthält eine alphabetische Auflistung, in der dann ggf. auf Teil A verwiesen wird.

Teil A - elementare Grundbegriffe in unterrichtsrelevanter Reihenfolge

Zufallsexperiment, stochastischer Prozess

Ein Experiment, dessen Ausgang auch nach mehrfacher Wiederholung nicht eindeutig vorausgesagt werden kann, heißt *Zufallsexperiment (Zufallsversuch)*.
Beispiel: Augenzahl beim Werfen eines Würfels.

Man spricht von einem *stochastischem Prozess* (auch *mehrstufiger Zufallsversuch*), wenn eine Folge von Zufallsexperimenten vorliegt .
Beispiel: Mehrfaches Werfen eines Würfels.

Ergebnis

Jeder mögliche Ausgang eines Zufallsexperiments heißt *Ergebnis (Ausfall)*.
Beispiel: Es wird eine 4 gewürfelt.

Ergebnisraum

Die Menge aller möglichen Ergebnisse eines Zufallsexperiments heißt Ergebnisraum (Stichprobenraum, Ergebnismenge). Seien ω_1, ω_2, ... ω_n die möglichen Ergebnisse, dann ist $\Omega = \{ \omega_1, \omega_2, \ldots \omega_n \}$ der zugehörige *Ergebnisraum*.
Beispiel: Beim einmaligen Würfeln mit einem Würfel gilt $\Omega=\{1,2,3,4,5,6\}$. Beim zweimaligen Würfeln mit einem Würfel gilt
$\Omega^2 = \Omega \times \Omega = \{1,2,3,4,5,6\} \times \{1,2,3,4,5,6\} = \{(1,1),(1,2),\ldots(2,1),(2,2),\ldots,(6,5),(6,6)\}$.

Ereignis, Gegenereignis

Jede Teilmenge E eines Ergebnisraums Ω heißt *Ereignis*, d.h. $E \subseteq \Omega$. Hierzu gehören auch die leere Menge $\varnothing$ und der Ergebnisraum Ω selbst. Man sagt: Das Ereignis E tritt ein, wenn das Ergebnis des Experiments ein Element von E ist.
$E' = \Omega \setminus E$ heißt *Gegenereignis* von E, S heißt *sicheres Ereignis*, $\varnothing$ heißt *unmögliches Ereignis*.
Beispiel: $E=\{2,3,5\}$, Primzahl geworfen, $\{2,3,5\} \subset \{1,2,3,4,5,6\}$

Häufigkeit, absolute - relative

Tritt in einer Folge von n Versuchen ein Ereignis E genau H(E) mal ein (*absolute Häufigkeit von E)*, so nennt man h(E) = H(A)/n die *relative Häufigkeit* von E.
Beispiel: Es wurde 100 mal gewürfelt und davon 18 mal eine 5 geworfen. Dann gilt H(E5)=18, h(E5)=18/100=0.18, in 18% der Fälle wurde eine 5 geworfen.

Es gilt $0 \leq h(E) \leq 1$. Die Erfahrung zeigt, dass sich relative Häufigkeiten bei zunehmender Versuchszahl auf einen bestimmten Wert einpendeln, z.B. h(E5) auf 1/6 (siehe Laplace-Wahrscheinlichkeit).

Mittelwert, arithmetischer

Unter dem *arithmetischen Mittelwert* m von n Beobachtungswerten $x_1, x_2, x_3, \ldots, x_n$, versteht man den Term $m = 1/n * (x_1 + x_2 + x_3 + \ldots + x_n)$.

Mittelwert, arithmetischer, gewichtet

Mittelwert, gewichtet: $m = x_1 * h(x_1) + x_2 * h(x_2) + x_3 * h(x_3) + \ldots + x_n * h(x_n)$, wobei

Beobachtungswerte	x_1	x_2	x_3	...	x_n
relative Häufigkeit	$h(x_1)$	$h(x_2)$	$h(x_3)$	...	$h(x_n)$

Wahrscheinlichkeit

Eine Funktion P, die einem Ereignis E aus einem Ergebnisraum Ω eine reelle Zahl P(E) zuordnet, heißt *Wahrscheinlichkeit von E,* wenn sie die folgenden Bedingungen erfüllt:
(1) $0 \leq P(E) \leq 1$ für alle $E \subseteq \Omega$,
(2) $P(\Omega) = 1$ *Wahrscheinlichkeit des sicheren Ereignisses,*
(3) $P(\emptyset) = 0$ *Wahrscheinlichkeit des unmöglichen Ereignisses,*
(4) $P(A \cup B) = P(A) + P(B) - P(A \cap B)$, wobei $A,B \subseteq \Omega$, *Additionsregel.*
Für das *Gegenereignis* von E´ gilt: P(E´) = 1- P(E).
Beispiel: Ω={1,2,3,4,5,6}, Werfen einer 2, d.h. P(E2) = 1/6, entsprechend P(E1) = 1/6, ... P(E6) = 1/6, P(Ω) = 1, P(∅) = 0.
Es sei A={2,3,5} und B={1,2}, dann gilt
$P(A \cup B) = P(A) + P(B) - P(A \cap B) = 3/6 + 2/6 - 1/6 = 4/6$.

Laplace-Wahrscheinlichkeit

Die folgende Definition gilt nur für Versuche, bei denen man voraussetzt, dass alle Ergebnisse gleiche Chancen haben (Laplace-Experimente): Sei A ein Ereignis. Die Wahrscheinlichkeit P(A) für das Eintreten von A wird festgelegt durch
$P(A) := |A| / |\Omega|$, (Anzahl der Elemente in A) / (Anzahl der Elemente in Ω).
Dieses *Wahrscheinlichkeitsmaß* nennt man auch *Laplace-Wahrscheinlichkeit.*
Beispiel: Würfeln der Augensumme 11 beim Wurf mit zwei Würfeln. Es kommen die Paare (5,6) und (6,5) in Frage von insgesamt 36 gleichmöglichen Paaren, also
$P(A) = |2| / |36| = 1/18$

Zufallsvariable (Zufallsgröße)

Unter einer Zufallsvariablen eines Zufallsexperiments versteht man eine Funktion X, die jedem Ergebnis ω des Ergebnisraums Ω (Definitionsbereich) eine Zahl $X(\omega) \in R$ zuordnet. Die Menge der Werte $x_1, x_2, \ldots x_n$ $(\in R)$, die X annehmen kann, bildet die Wertemenge W(X) von X. In Zeichen: $X: \omega \rightarrow X(\omega)$ oder $X: \Omega \rightarrow R$.
Hinweis: Das Wort "Zufall" in Zufallsvariable erklärt sich dadurch, dass die Ergebnisse ω zufällig sind.
Beispiel: Drehen eines Glücksrads.

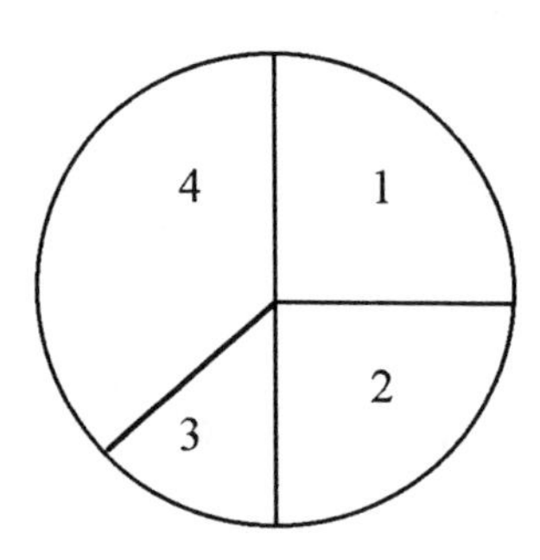

Ergebnis ω	1	2	3	4	Ω

Jedem Ergebnis wird nun eine reelle Zahl zugeordnet, z.B.

Zufallsvariable	x_1	x_2	x_3	x_4	aus R
Gewinn $X(\omega)$	2	2	4	1	

Jedem Gewinn kann seine Wahrscheinlichkeit zugeordnet werden:

Wahrscheinlichk. $p(x_i)$	$p(x_1)$	$p(x_2)$	$p(x_3)$	$p(x_4)$	aus R
bzw. *$P(X=x_i)$*	0.25	0.25	0.125	0.375	

Erwartungswert einer Zufallsvariablen

Jeder Wert einer Zufallsvariablen wird mit der dazugehörigen Wahrscheinlichkeit gewichtet und dann die Summe gebildet:
Erwartungswert $E(X) = x_1 * p(x_1) + x_2 * p(x_2) + x_3 * p(x_3) + \ldots + x_n * p(x_n)$
Beispiel:

Zufallsvariable X	x_1	x_2	x_3	x_4	
Gewinn $X(\omega)$	2	2	4	1	aus R
Wahrscheinlichk. $p(x_i)$	$p(x_1)$	$p(x_2)$	$p(x_3)$	$p(x_4)$	
bzw. *$P(X=x_i)$*	0.25	0.25	0.125	0.375	aus R

Erwartungswert $E(X) = x_1 * p(x_1) + x_2 * p(x_2) + x_3 * p(x_3) + x_4 * p(x_4)$
$E(X) = 2*0.25 + 2*0.25 + 4*0.125 + 1*0.375 = 1.875$.
Man kann also mit einem durchschnittlichen Gewinn von 1.88 (DM) rechnen.

Weiterhin gilt der
Satz: Der Erwartungswert E(X+Y) einer Summe von Zufallsvariablen ist gleich der Summe der beiden einzelnen Erwartungswerte, d.h. **E(X+Y) = E(X) + E(Y)**.

Beispiel:
Wir betrachten zwei Münzen, die sehr häufig geworfen wurden. Wappen erbringt einen Gewinn von 1 DM, Zahl einen Gewinn von - 1 DM.

a) Viele Versuche mit der ersten Münze haben ergeben:

	Wappen	Zahl
Zufallsvariable X	1 DM	- 1 DM
Wahrscheinlichkeit	0.54	0.46
Erwartungswert	E(X) =0.54*1 + 0.46*(-1) = 0.08	

b) Viele Versuche mit der zweiten Münze haben ergeben:

	Wappen	Zahl
Zufallsvariable Y	1 DM	- 1 DM
Wahrscheinlichkeit	0.49	0.51
Erwartungswert	E(Y) =	0.49*1 + 0.51*(-1) = - 0.02

c) Berechnung des Erwartungswerts der *Summe der Zufallsvariablen*

(1.Münze,2.Münze)	Wappen,Wappen	Wappen,Zahl oder Zahl,Wappen	Zahl,Zahl
Zufallsvariable (X+Y)	2 DM	0 DM	- 2 DM
Wahrscheinlichkeit	0.54*0.49	0.54*0.51+0.46*0.49	0.46*0.51
Erwartungswert	E (X+Y) = 0.2646*2 + 0.5008*0 + 0.2346*(-2) = 0.06		

Andererseits ergibt auch E(X) + E(Y) = 0.08 + (-0.02) = 0.06. Für das Beispiel gilt also E (X+Y) = E(X) + E(Y). In entsprechender Weise kann man die Beziehung auch allgemein beweisen und dann auf n Zufallsvariable erweitern.

Teil B - alphabetisch

Baumdiagramm

Baumdiagramme sind u.a. zur Darstellung mehrstufiger Versuche geeignet.
Beispiel: Bevölkerungsbewegungen

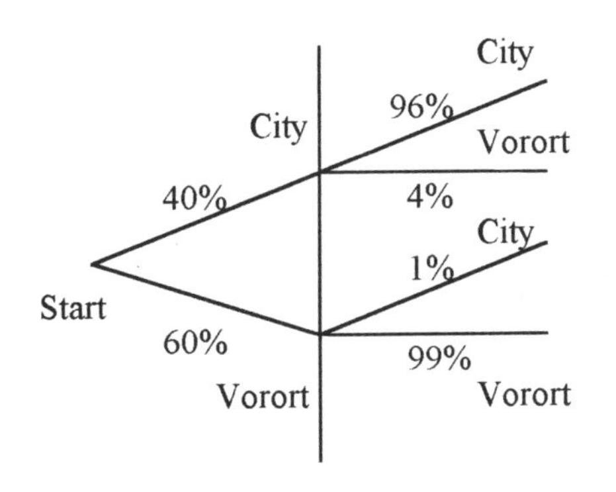

Zu Beginn lebten 40% der Bewohner in der City, 60% im Vorort.
In der nächsten Zeitperiode blieben 96% in der City und 4% gingen in den Vorort.
Von der Vorortbewohnern blieben 99% im Vorort und 1% ging in die City.

Nach einer Periode leben z.B. im Vorort 61% der Bewohner, denn:

P(City)*P(Vorort/City)+P(Vorort)*P(Vorort/Vorort) = 0.4*0.04+0.6*0.99

1.Stufe im Baum, 2.Stufe im Baum, 1.Stufe im Baum, 2.Stufe im Baum = 0.61 (s.Pfadregeln)

Bedingte Wahrscheinlichkeit

$P(E2/E1) = P(E1 \cap E2) / P(E1)$ heißt *bedingte Wahrscheinlichkeit von Ereignis E2 unter der Bedingung von Ereignis E1*, siehe Baumdiagramm zu den Pfadregeln. Für das Eintreten von E2 ist also eine zusätzliche Bedingung vorhanden, nämlich das Eintreten von E1.

Elementarereignis

Die einelementigen Teilmengen $\{\omega_1\}, \{\omega_2\}, \ldots \{\omega_n\}$ des Ergebnisraums $\Omega = \{ \omega_1, \omega_2, \ldots \omega_n \}$ heißen *Elementarereignisse*.

Ereignis, siehe Teil A.

Ereignisraum

Die Menge aller Ereignisse aus Ω (die Menge aller Teilmengen von Ω) heißt Ereignisraum (Potenzmenge von Ω)

Ergebnis, siehe Teil A
Ergebnisraum, siehe Teil A
Gegenereignis, siehe Ereignis, Teil A

Glücksrad

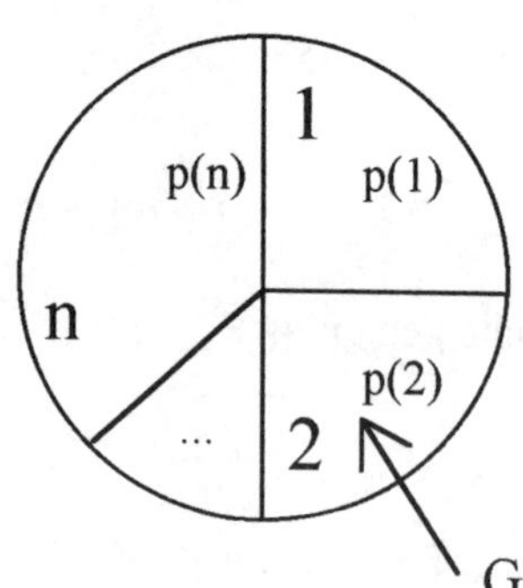

Sektorzahlen SZ, hier 1,2,...n

Für die Sektorwahrscheinlichkeiten p(1),p(2),...pn gilt:

p(1) + p(2) + ... p(n) = 1

0 <= p(1)<=1, 0<=p(2)<=1 usw. 0<=p(n)<=1.

(<= : kleiner oder gleich)

Glücksrad drehen, Sektor am Zeiger ablesen

Glücksräder können je nach Problemstellung passend in Sektorwahrscheinlichkeiten eingeteilt werden, so dass sie gut geeignet sind zur Simulation von Zufallsexperimenten. Das Glücksrad wird gedreht, am Zeiger liest man die Sektorzahl SZ ab.

Glücksradformel, siehe Kap.5.1.
Häufigkeit, absolute - relative, siehe Teil A
Laplace-Wahrscheinlichkeit, siehe Teil A

Markow-Kette, endliche homogene

Gegeben sei eine *Folge von Zufallsexperimenten* mit dem *endlichen Zustandsraum* $M=\{Z_1,Z_2,...Z_m\}$. Es möge jeweils nur einer der Zustände eintreten. Ist z.B. im k-ten Versuch der Zustand Z_i eingetreten, so symbolisieren wir das durch $Z_i^{(k)}$. Dieser Zustand kann beim nächsten Versuch beibehalten oder geändert werden. Die Wahrscheinlichkeiten für diese Übergänge kann man mit $p_{ih}^{(k+1)} = P(Z_h^{(k+1)}/\ Z_i^{(k)})$ bezeichnen. $p_{ih}^{(k+1)}$ ist die bedingte Wahrscheinlichkeit dafür, dass sich das System nach dem (k+1)-ten Versuch im Zustand $Z_h^{(k+1)}$ befindet, nachdem es sich im k-ten Versuch im Zustand $Z_i^{(k)}$ befand. Die *Übergangswahrscheinlichkeiten* $p_{ih}^{(k+1)}$ kann man in einer *Übergangsmatrix* S zusammenfassen. Sie hat bei m Zuständen den Typ (m,m).

Eine Folge von Zufallsexperimenten bildet eine *Markow-Kette*, wenn die Wahrscheinlichkeit für das Eintreten des Zustand Z_h im (k+1)-ten Versuch nur davon abhängt, welcher Zustand im vorhergehenden, also im k-ten Versuch eintrat (Markow-Eigenschaft). Die Markow-Kette heißt *homogen*, wenn die Übergangsmatrix von Versuch zu Versuch gleich bleibt (zeitunabhängig ist), d.h. wenn die Übergangswahrscheinlichkeiten $p_{ih}^{(k+1)}$ nicht von der Nummer k des Versuchs abhängen. Die Ausgangssituation bezüglich der Zustände ist festgelegt durch die Anfangsverteilung v_0.

Markow-Ketten lassen sich gut in *Übergangsgraphen* darstellen, ihr Verhalten lässt sich gut mit Hilfe der Potenzen S^n der Übergangsmatrix S untersuchen.

Eine *endliche homogene Markow-Kette* ist festgelegt durch
(1) einen *Zustandsraum* $M = \{Z_1,Z_2,...Z_m\}$, m Zustände (endlich viele)
(2) eine *Übergangsmatrix* $S_{(m,m)}$ mit den Übergangswahrscheinlichkeiten zwischen den m Zuständen und
(3) eine *Anfangsverteilung* v_0.

Beispiel:
M = {City, Vorort}   Markow-Kette mit 2 Zuständen

	City	Vorort	
City	0.96	0.04	= Übergangsmatrix S
Vorort	0.01	0.99	

Anfangsverteilung: v_0= (City Vorort) = (0.6 0.4), 60% leben anfangs in der City.

Übergangsgraph

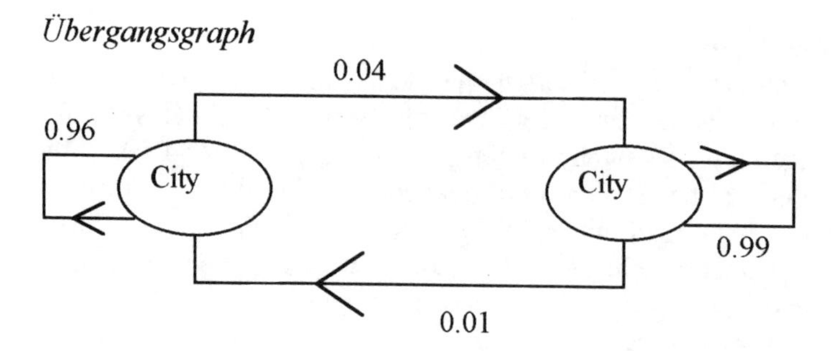

Matrix

Unter einer Matrix versteht man ein rechteckige Tabelle. Diese besteht aus Zeilen und Spalten. Eine Matrix A hat den Typ (m,n), wenn sie m Zeilen und n Spalten besitzt. Die Elemente einer Matrix werden mit Doppelindizes bezeichnet. Man schreibt $A_{(m,n)} = (aik)_{(m,n)}$.

Beispiel: Die Matrix P habe 2 Zeilen und 3 Spalten.

$$\begin{pmatrix} p_{11} & p_{12} & p_{13} \\ p_{21} & p_{22} & p_{23} \end{pmatrix} = P$$

Matrizen können u.a. verknüpft werden durch Addition, Subtraktion, Multiplikation. Von einer quadratischen Matrix (Zeilenanzahl = Spaltenanzahl) können Potenzen gebildet werden, indem man die Matrix mehrmals mit sich selbst multipliziert.

Definitionen für das Rechnen mit Matrizen:

Addition $A_{(m,n)} + B_{(m,n)} = (a_{ik})_{(m,n)} + (b_{ik})_{(m,n)} = (a_{ik} + b_{ik})_{(m,n)}$

Multiplikation $A_{(m,n)} * B_{(n,p)} = (a_{ik})_{(m,n)} * (b_{kl})_{(n,p)} = (\sum_{k=1}^{n} a_{ik}b_{kl})_{(m,p)}$

Potenz $A^k := A*A^{(k-1)}$, A quadratisch, d.h. m=n

Beispiele:

$$\begin{pmatrix} 3 & 4 & 5 \\ 1 & 4 & 5 \end{pmatrix} + \begin{pmatrix} 2 & 1 & -8 \\ 6 & 5 & 1 \end{pmatrix} = \begin{pmatrix} 5 & 5 & -3 \\ 7 & 9 & 6 \end{pmatrix}$$

Matrix A Matrix B Matrix A+B

Matrizenaddition

Matrix B

		3 2	5 6				
1	4	1*3*4*2	1*5+4*6	=	11	29	Matrizenmultiplikation
6	2	6*3+2*2	6*5+2*6		22	42	

Matrix A Matrix A*B (errechnet mit dem "Falk-Schema") Matrix A*B

Mittelwert, arithmetisch, siehe Teil A

Mittelwert, gewichtet, siehe Teil A

Pfadregeln

Pfadregel 1: $P(E1 \cap E2) = P(E1) * P(E2/E1)$
Multiplikationsregel, Multiplikation der Wahrscheinlichkeiten längs der Pfade

Pfadregel 2: $P(E1 \cap E1) + P(E2 \cap E1) = P(E1) * P(E1/E1) + P(E2) * P(E1/E2)$
Additionsregel, Addition von Ergebnissen aus Pfadregel 1

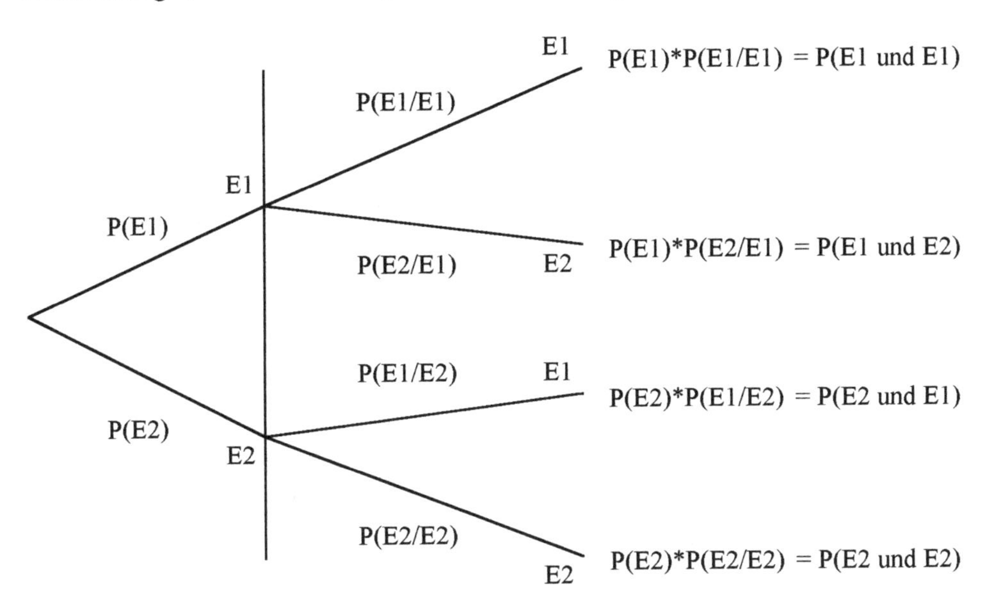

Hinweis: P(E2/E1) ist *bedingte Wahrscheinlichkeit* von E2 unter der Bedingung E1; siehe Stichwort "bedingte Wahrscheinlichkeit".

Stochastische Matrix

P ist eine *stochastische Matrix*, wenn für ihre Elemente p_{ik} gilt:
(1) Alle Elemente liegen zwischen 0 und 1 (jeweils einschließlich),
(2) die Summe der Elemente jeder Zeile ist stets gleich 1.

In der Regel ist P quadratisch. Die quadratischen stochastischen Matrizen finden ihre Hauptanwendung in den Markow-Ketten.

Unabhängige Ereignisse

Als Pfadregel 1 (siehe dort) bzw. Multiplikationsregel wurde notiert:
$P(E1 \cap E2) = P(E1) * P(E2/E1)$. In der Regel ist dabei $P(E2/E1) \neq P(E2)$. Sollte jedoch $P(E2/E1) = P(E2)$ sein und außerdem $P(E1) \neq 0$ und $P(E2) \neq 0$, dann heißen die *Ereignisse E1 und E2 (stochastisch) unabhängig.*
Es gilt dann der vereinfachte Multiplikationssatz $P(E1 \cap E2) = P(E1) * P(E2)$.

Unvereinbare Ereignisse
Die Ereignisse A und B heißen unvereinbar, wenn $A \cap B = \emptyset$.

Wahrscheinlichkeitsfunktion einer Zufallsvariablen
Eine Funktion, die jedem $x_i \in W(X)$ die Wahrscheinlichkeit $p(x_i) := P(X = x_i)$ zuordnet, heißt *Wahrscheinlichkeitsfunktion der Zufallsgröße X.*

Disketten

Beachten Sie bitte die Hinweise auf den Computereinsatz - jeweils am Ende der Kapitel.

Disk97-1 Funktionen-/Relationen-Plotter HL-PLOT10 (siehe Kapitel 2.9)
mit Dokumentation und zahlreichen Beispieldateien aus der Unterrichtspraxis

Disk97-2 MARKOW (siehe Kapitel 2.9)
Bearbeitet Markow-Ketten mit 2 Zuständen auf verschiedene Weisen (auch mehrere grafische Methoden) und Markow-Ketten mit mehr als 2 Zuständen

Disk97-3 MATRIX
Bearbeitet Matrizen und Lineare Gleichungssysteme, LGS-Trainingsprogramm

Disk97-4 VuW-Disk
enthält die weiteren im Buch benutzten oder genannten Programme:

- Crap1.exe/pas	Crapspiel-Simulation, siehe Kapitel 3.6
- Sammel-A.exe	Sammelbilder-Simulation mit verschiedenen Bildzahlen siehe Kapitel 4.6
- Sabi-6.exe	Sammelbilder-Simulation in Automatenform für n=6 siehe Kapitel 4.6
- Area-z.exe	Flächeninhaltsberechung über Zufallszahlen mit Funktionsterm-Eingabe, siehe Kapitel 5.4
- Gluerad.exe	Zufallszahlen auf Glücksrädern, siehe Kapitel 5.4
- Pfad-rg3.exe	Simulation der Pfadregeln im zweistufigen Baum
- Disj-nf1.exe	Schaltalgebra: Disjunktive Normalform, 3 Schalter

Die Disketten sind nur beim Buchautor (nicht beim Volk und Wissen Verlag) erhältlich!
Weitere Software zum Informatik-, ITG- und Mathematikunterricht: Bitte Prospekt anfordern. Preise auf Nachfrage.

Bestellung bei	Eberhard Lehmann, Geitnerweg 20c, 12209 Berlin
	Telefon /Anrufbeantworter 030-7110811
	Fax 030-7110811
	E-mail: mirza@berlin.snafu.de

Sachverzeichnis

Hinweis:
G weist auf eine Begriffs-
erläuterung hin.